自家製 燻製の作り方

おいしい！簡単！誰にでもすぐできる！

Do楽Books
ドーラクブックス

倶楽部ひょっとこ◎編

日東書院

CONTENTS

燻製の楽しみ

燻製の歴史は古く、一説には有史以前、火が料理に使用され始めたころからあったとも言われています。食材にもよりますが、煙で燻した方が日持ちしたため、保存のための手段として利用されていましたが、その独特の風味を「調味料」として活かしたレシピも数多く考案されました。

現在は、そうして生み出された数々の料理をいつでも、どこでも味わうことができるようになりました。でも、燻製が持つもうひとつの楽しみ、「作る楽しみ」も忘れるわけにはいきません。さまざまな燻製考案されたのと同じように、その料理法もつねに進化してきました。かつては煙が大量に発生したり、火加減が大変だったりで、なかなか家庭内では試せなかったのですが、家庭のキッチンはもちろんのこと、卓上コンロでも燻製がかんたんに作れる専用の鍋も登場しています。「これを燻してみたら、どんな味になるのかな？」と思ったら、すぐに試せるのです。お好みの食材で、どんどんと燻してみましょう。そうしてできた新しい味は、ひょっとしたら燻製料理の新たな１ページを刻むものになるのかもしれません。

■素材別インデックス

手羽中

P.30

スペアリブ

P.34

スモーク
ソーセージ

P.36

スモークステーキ P.38

P.40

スモーク
チキン

ベーコン風豚バラ燻

P.44

川魚の燻製

P.54

ラムチョップ

P.48

納豆の燻製 P.52

マグロの
カルパッチョ P.58

タコくん P.60

ホタテ P.62

生鮭のスモーク P.64

自家製イカくん P.66

カツオの生利節 P.68

スモークシュリンプ P.70

■素材別インデックス

■素材別インデックス

燻製の奥義?

そもそも燻製とは
「煙に巻く料理」につきます。
煙で燻してしまえば、
何でも「燻製」になってしまうわけです。
ところが「燻製」にはなりますが、
「旨いモン」にならないことが
しばしばあります。
そんなとき、あれこれ原因を突き止めるよりも、
次の「燻製」に挑戦しましょう。
後悔なんて、煙のごとく、
すぐに消えてしまうのです。

倶楽部ひょっとこ

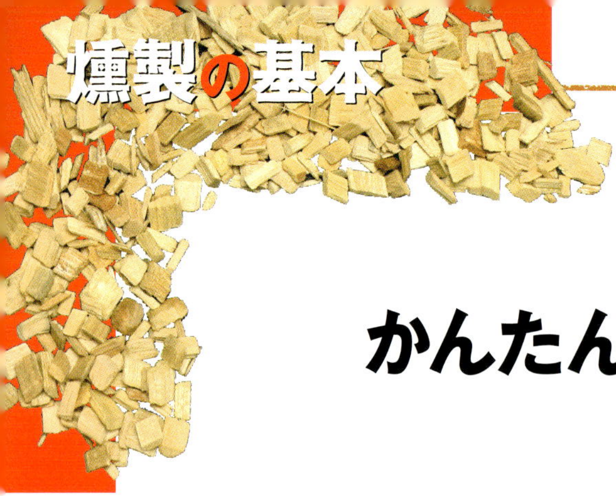

かんたん燻製術とは?

食材の保存性を高める、独特の風味で食材本来の味を引き立てるなどなど、燻製にはさまざまな魅力があります。特徴的なのは、チップやウッドなどを燃やして、その煙で燻すという手法が使われるという点です。そのため、これまで燻製は専門の料理人によって調理・加工されてきました。海外では、生ハムやスモークサーモンなど、それぞれの食材専門の職人がいるほどです。日本では、煙が出ても気にならない場所での料理ということで、アウトドア料理のひとつとしても紹介されました。これに加えて、最近では家庭用コンロに対応した、煙が室内にもれない専用の鍋が発売されるようになりました。この鍋を使った燻製法を、本書では「かんたん燻製」と名付けました。下ごしらえが比較的簡単で、加熱時間が短くて、できたらすぐに食べられる「かんたん燻製」で、さまざまな食材を燻製にしてみましょう。

かんたん燻製鍋の構造

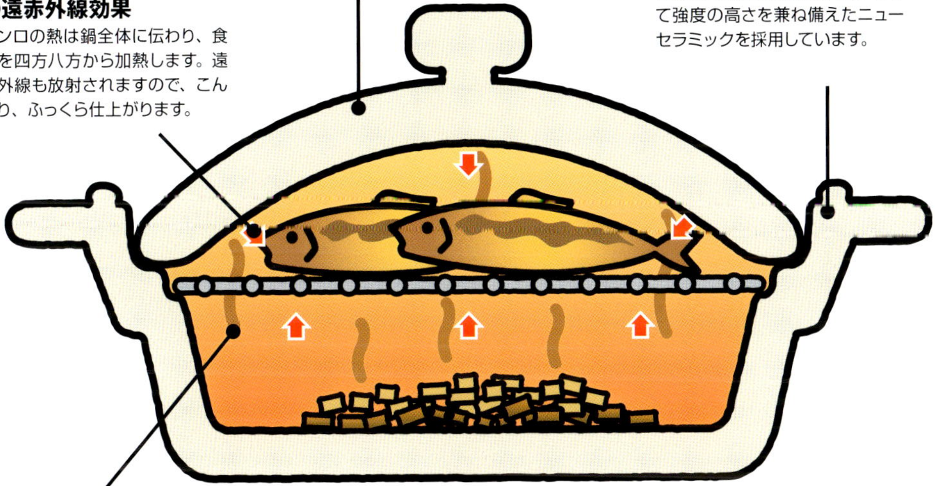

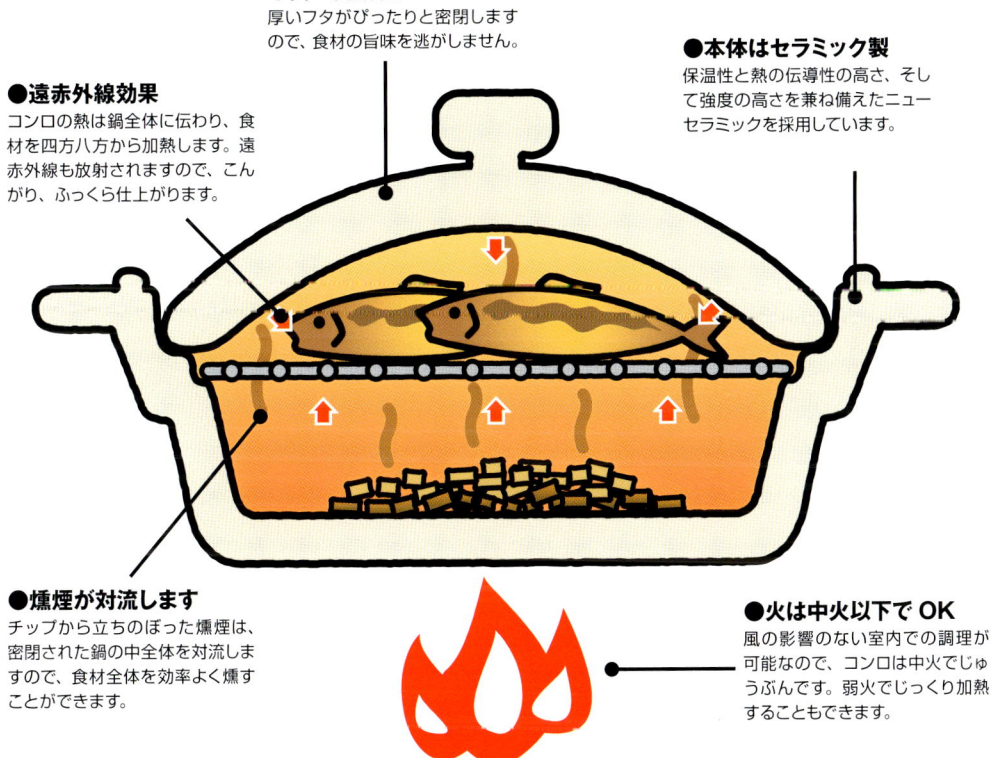

●高い密閉性
厚いフタがぴったりと密閉しますので、食材の旨味を逃がしません。

●本体はセラミック製
保温性と熱の伝導性の高さ、そして強度の高さを兼ね備えたニューセラミックを採用しています。

●遠赤外線効果
コンロの熱は鍋全体に伝わり、食材を四方八方から加熱します。遠赤外線も放射されますので、こんがり、ふっくら仕上がります。

●燻煙が対流します
チップから立ちのぼった燻煙は、密閉された鍋の中全体を対流しますので、食材全体を効率よく燻すことができます。

●火は中火以下で OK
風の影響のない室内での調理が可能なので、コンロは中火でじゅうぶんです。弱火でじっくり加熱することもできます。

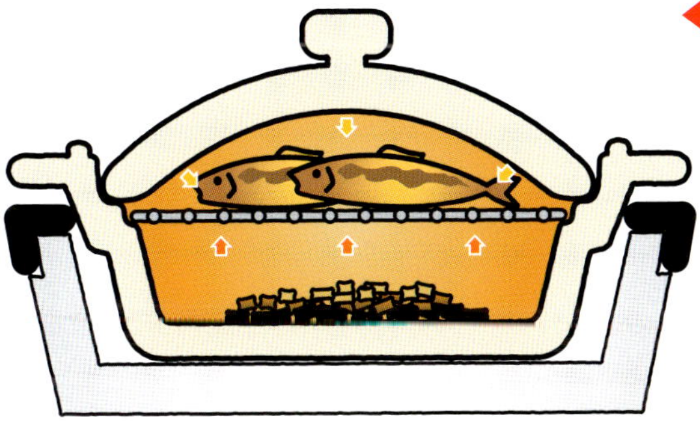

保温容器付きの鍋もあります

加熱し終わった鍋をコンロから下ろし、断熱効果の高い保温容器に置けば、鍋の熱は外部に漏れません。鍋全体からの遠赤効果と余熱によって、食材を調理してくれますので、肉や魚など、火を完全に通したい場合にとても役に立ちます。また専用の保温容器がなくとも、フタを閉めたままにしておくことで近い効果が得られます。

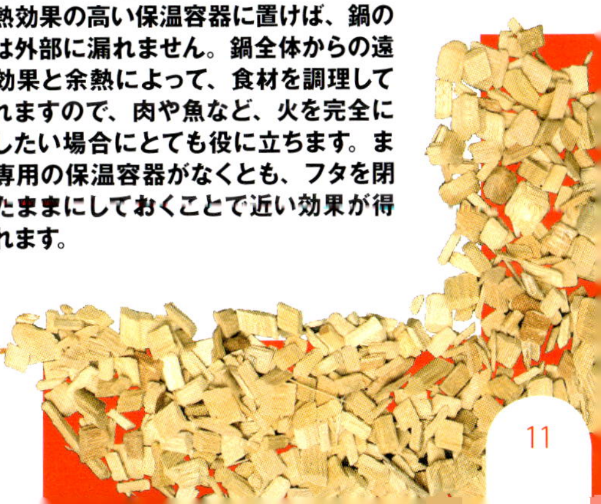

燻製の基本

1. 道具から入ります

「そうだ燻製を作ってみよう」と思い立ったら、カタチから入るのがいちばんです。カタチとは道具、道具とはスモーカーです。食文化とそれにともなう技術の発達で、燻製の方法は「どんなスモーカーを使うか」から考えるのが、最も手っ取り早いのです。本書では自家製の燻製を作るために最適のスモーカーを選びました。これを本のなかではかんたん燻製鍋と呼んでいます。これが、すごくよくできています。カンタンすぎて、作ってるところを見られたくないくらいなのです。でも、奥は深く、使い慣れても、「これがベストの燻製だ」にはなかなか行き当たらないのが面白いところです。そんなかんたんだけどあなどれない、かんたん燻製鍋を選ぶことからはじめましょう。

燻製に革命をもたらしたスモーカー

●保温容器つきかんたん燻製鍋

超耐熱セラミックス製の保温燻器です。見た目は和洋折衷感がありますが、スモーカーのニューウェーブを作ったヒット商品です。特徴は何といっても、魔法びん構造の保温容器がついていることです。短い時間で熱燻が可能になりました。

直径約 22 cmと家庭用にちょうどよいサイズになっています。

カタチは土鍋ふうですが、中身は最新技術でいっぱいです。

網の下にチップを敷くようになっています。

◀保温調理でふっくら燻製

燻製後、鍋の熱いうちにこの保温容器に入れて保温することで、しっとり燻製が出来上がります。

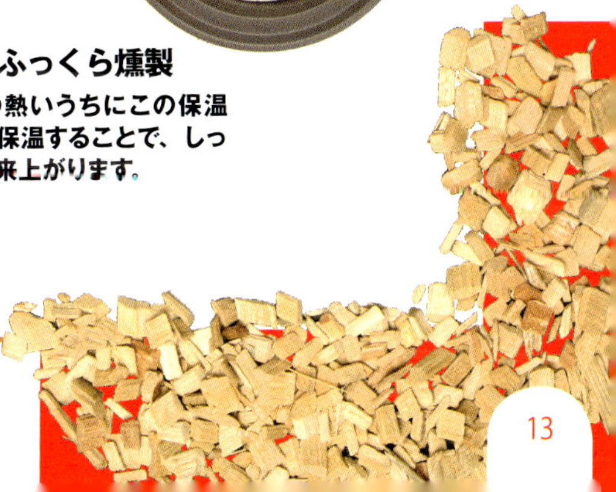

燻製の基本

かんたん燻製鍋とは？

持ち手は大きく、グローブをはめていても使いやすくなっています。

●ニューセラミックス製鍋

ケーキの型のような、変わったカタチのかんたん燻製鍋です。大きめのサイズで直径が約25㎝あります。耐熱セラミックスから発する遠赤外線効果で短時間での熱燻を実現しています。

網が高、低の2種類が付いているので、素材により使い分けることができます。

●ステンレス製燻製鍋

コゲげつきの少ないステンレス製の燻製鍋です。何度も燻製をくり返すと、タールを落とすのが大変ですが、これなら丸洗いできるので便利です。

折りたたみ式の取手がついているので、フライパンのように取り回すこともできます。

屋外で楽しむなら折りたたみスモーカー

●段ボール型スモーカー

野外では、煙を気にせず楽しむことができるので、大きな食材や長時間の燻煙にチャレンジできます。段ボール製のスモーカーは、折りたたみができるので大変便利です。紙製にもかかわらず、くり返し使えるというのも大きなメリットです。

チップやウッド、スパイスなどがワンセットになっているものもあるので、本格的な生ハムなどにも挑戦できます。

スモーカーを連結させて、片方に食材を吊し、もう片方でチップやウッドを燃焼させ、低温の煙で長時間燻すという「冷燻」もできます。

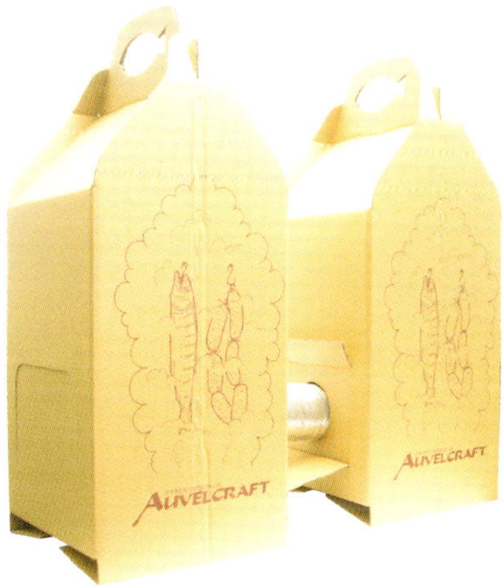

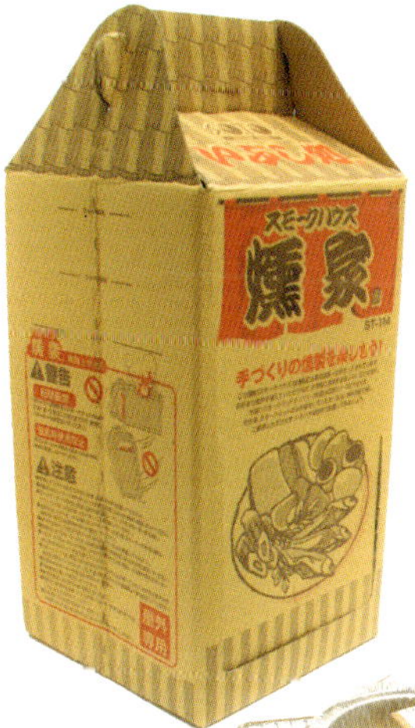

段ボール製のスモーカーは各社から発売されています。熱源はウッドを使用します。火をつけたものをアルミ箔製のトレイに入れ、内部にセットするようになっています。手軽ですが、火の管理はしっかりしましょう。

焼き網からトレイ、固定用の鉄串までがコンパクトに梱包されています。

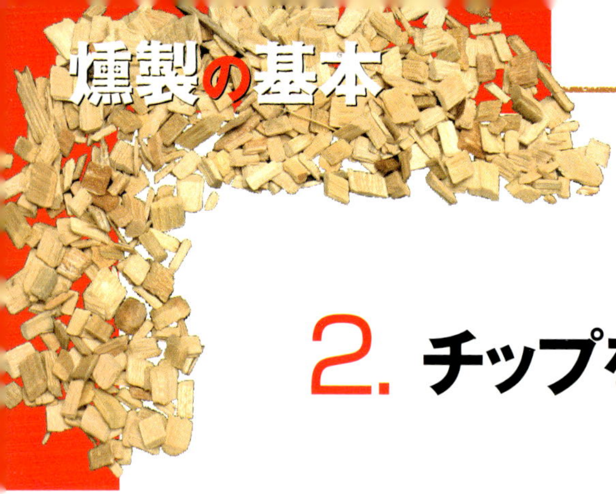

2. チップを選ぶ

燻製にかかせないチップにはおよそ次のような種類と用途があります。

- サクラ……あらゆる燻製に向きます。またクセのある豚肉、マトンにも向いています。本書ではほとんどこのサクラを使用しました。
- ナラ……色のつきが早くよくつきます。魚介類向き。
- ブナ……ナラと同様ですが、香りがさわやかです。
- オニグルミ……とくに肉、魚に使われます。
- リンゴ……味の淡泊な鶏肉や、白身魚、練り物に向いています。
- ヒッコリー……ベーコン、ハムによく使われるチップです。
- ホワイトオーク……ウイスキーの香り漂うチップで、淡泊な素材に使われます。ベーコン、ハムによく使われるチップです。

チップの種類によって風味が変わります

●サクラ

●ブナ

●ヒッコリー

チップは鍋の底に敷きます

チップにはさまざまな種類がありますが使い方はすべて同じです。かんたん燻製鍋では５～15gを鍋底に敷くだけです。

材料とチップの相性は、やってみなければわかないのがほんとうのところです。チーズやかまぼこなど安定した加工食品でためしてチェックしてみるとよいでしょう。

市販されているチップは樹木別の６種類が手に入りやすいでしょう。

3. 素材を選ぶ

かんたん燻製鍋の登場により、意外とも思える素材も燻製にすることができるようになりました。基本的には固形物であれば何でも燻製にすることができますが、まず、かんたん燻製鍋に入る大きさから考えましょう。家庭用サイズですので、20 ㎝程度の川魚なら2尾がいちどに燻製できる分量です。鶏ならももがまるごとひとつ、イカは1ぱいが適量でしょう。ひとつの目安としておぼえておきましょう。

肉類は小さく切ることにより、スペアリブなら5本が入ります。これなら家族で楽しめますね。

イカは胴体、足、エンペラに切り分けます。燻製は味が濃厚になるので、量をいただかなくても満足できる食材です。

チーズは初心者でもおいしく仕上げられます。おつまみだけでなく、素材としていろいろな料理に使えます。

4. スパイスの使い方

燻製作りでは、スパイスが下ごしらえの過程でしばしば必要になってきます。素材で言うと生鮮の肉類と魚類です。どちらも生臭さを消すためと味にパンチをきかせるためにブラックペッパーがひんぱんに使われます。スパイスのきかせ方しだいで、お酒の種類にあわせた味付けが可能です。ただし香りは燻製の香りに押されあまり際だちません。肉類は多めに、魚類は少なめが基本です。

それでも、強い香りを必要とするときはつぶ胡椒をすって使いましょう。

調味液に漬ける前にたっぷりとふっておくと肉の生臭さが軽減されます。

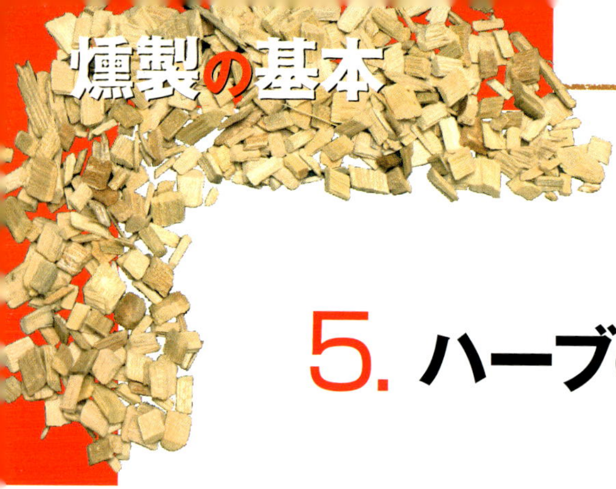

5. ハーブの種類

●バジル
シソ科のハーブで清涼感のある香りが特徴です。トマト、チーズとよく合います。

ブラックペッパーなどの香辛料とは別に香りや風味を増すために燻製では西洋ハーブが使われます。下ごしらえ、漬け込み、燻煙前、食べる前とさまざまな過程で使われています。燻製独特の香りと相性がよく、燻煙後でも香りはあまり損なわれません。生ハーブと乾燥ハーブがありますが生のほうが香りが強く、とくに漬け込みに使うと魚や肉の生臭さはきれいに消えてしまいます。いずれにしても生でも乾燥でも量を使いすぎなければ、燻製をじょうずに演出してくれます。

●タイム
魚介のにおい消しに効果があります。香りはさわやかで、味にはほろ苦さがあります。

●パセリ
香りづけとして、彩りとして、どちらにも使えるハーブです。

●ローズマリー
乾燥したものです。肉の臭みを消してくれます。

6. 塩を使いこなす

燻製作りをするうえで、塩はとても大切な材料です。食材に下味をつけることはもちろん、肉や魚の表面にすりこんだりすることで、内部の水分を吸収することができるからです。塩によって水分が少なくなった食材は、調味液（ソミュール液）につけ込むとぐんぐん味を吸い込むのです。岩塩や海水から精製したミネラル塩など、さまざまな塩が販売されていますので、食材や漬け込み方、乾燥時間に合わせて選んでみるのもよいでしょう。

製塩工場では、大きな釜で海水から塩を精製しています。

伯方島の製塩メーカー、「伯塩」の取り扱い製品です。1社からも、用途に合わせてこれだけの種類が発売されています。

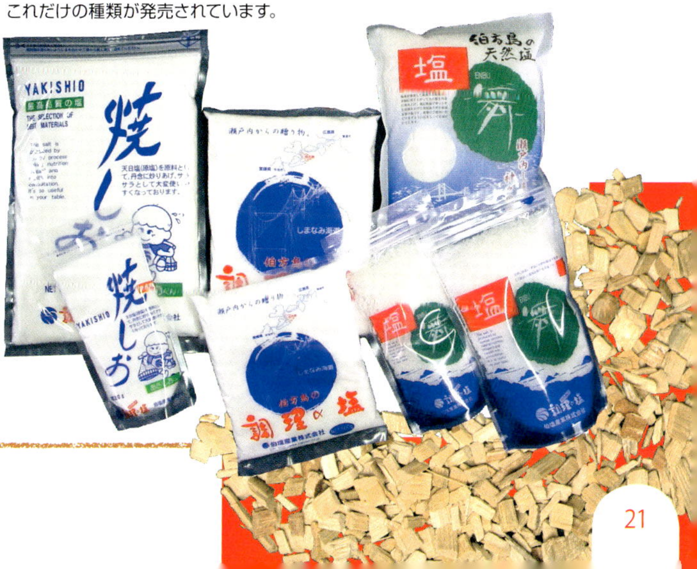

7. かんたん調味液の作り方

燻製における、塩のすりこみや漬け込みは、かんたんに考えると素材から水分を吸い出し、乾燥をうながし旨味を凝縮することにあります。前述のかんたん燻製鍋を使うことにより、短時間で素材をいかしたしっとり燻製が出来ることを解説しましたが、この燻製方法に合わせて考えたのが、かんたん調味液です。塩分ひかえめでクセのないのが特徴です。

燻製にはさまざまな調味液が存在します。素材別に細かく決められているものもあります。

燻製を作る１時間前に作ります

調味液は沸騰させ、冷まして使うので燻製を作り始める少なくとも1時間前には作っておくとよいでしょう。また、お好みでハーブや香辛料を入れてオリジナル調味液を作ってみるのも一考です。

1

水1リットルを沸騰させせます。いったん火を止め、三温糖100g をよくかきまぜてとかします。

2

つぎに粗塩100g をおなじようにとかします。

3

さらにかきまぜます。

4

酒 100 ccを加えます。

5

ブラックペッパーを加えます。このときタイム、ローリエ、ロ　ズマリ　などハーブ類やお好みの香辛料を加えます。そして、もう一度火にかけ3分ほど沸騰させ出来あがりです。よく冷ましてから使いましょう。

8. 燻製づくりの手順を覚えましょう

燻製作りは、蕎麦打ちなどとくらべても段取りはそれほど気をつかわなくても大丈夫です。自分流が身に付くまでのあいだだけ基本を覚えておきましょう。少々いい加減に作っても失敗することはまずありません。下ごしらえ、漬け込み、乾燥、燻煙、余熱調理の５つのポイントをおさえておけば、素材が変わってもたいていのものは出来るようになります。

燻製の妙は素材により５つのポイントの時間の長さが変化することです。なかなかマニュアル的に表現は難しいですが、すぐにコツをつかむことができます。

下ごしらえ

●素材の下処理

材料の切り分け、さばき、あらかじめ火を通しておくことなどです。

●水抜き

水分を多く含む素材はあらかじめ水抜きをしておきます。

●漬け込み

かんたん調味液を使って材料を漬け込みます。

●塩抜き・乾燥

塩をすりこんだり、かんたん調味液に長時間漬けた材料の塩分を抜く作業です。

●塩抜き・乾燥

キッチンペーパーなどで、よく水分をふき取り、材料の水分をさらにとばし乾燥させます。

燻煙

●燻煙

かんたん燻製鍋にチップを入れ素材をセットし加熱して燻すことです。

●保温・余熱調理

燻した材料を加熱後も保温したり､鍋のフタをしばらくそのままにする､仕上げ調理のことです。

燻製早わかり

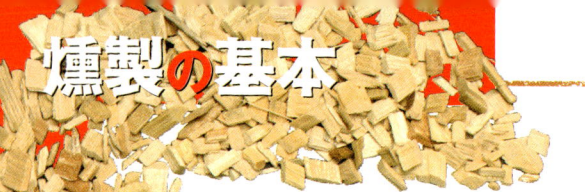

Q. 乾燥させるのに冷蔵庫を使いたいのですが

A. 使ってもかまいません。乾燥させやすいので便利ですが、材料を冷やしすぎると火がとおりにくくなりますので、常温に戻してから燻煙することをオススメします。

Q. マンションなので煙が心配です

A. 煙の量はチップの量、加熱時間、火加減で異なります。しかし、家庭用のスモーカーは、サンマなどを焼くよりはるかに煙の量は少ないですが、においが独特なので換気にはじゅうぶん気をつけましょう。

Q. 熱燻ってなんですか?

A. 燻製の方法には大きくわけて3つあります。冷燻、温燻、熱燻です。それぞれ名前が示すとおり加熱する温度が違います。本書でひんぱんに出てくる熱燻は100℃前後の高温、短時間に燻煙する燻製方法のひとつです。ジューシーであぶり焼きにちかい味わいに人気があります。

Q. かんたん燻製鍋ってなんですか?

A. 市販されている使い勝手のよい家庭用燻製鍋を本書では「かんたん燻製鍋」と総称しています。セラミックス製で「熱燻」を得意とし素材を短時間で調理する能力をそなえているので、燻製がかくだんに手軽になりました。

Q&A

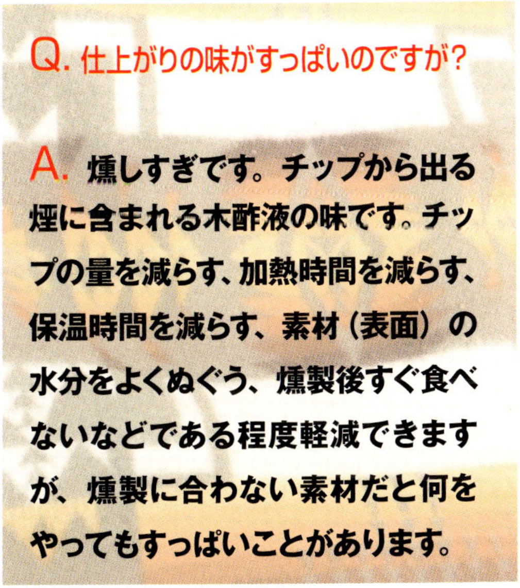

Q. 仕上がりの味がすっぱいのですが？

A. 燻しすぎです。チップから出る煙に含まれる木酢液の味です。チップの量を減らす、加熱時間を減らす、保温時間を減らす、素材（表面）の水分をよくぬぐう、燻製後すぐ食べないなどである程度軽減できますが、燻製に合わない素材だと何をやってもすっぱいことがあります。

Q. 仕上がりの味が塩辛いのですが？

A. 漬け込み時間が長いかも知れません。素材によっては水洗いして、塩抜きしましょう。

Q. 燻製が蒸し焼き状態になってしまいました

A. 素材のなかの水分が多いためです。乾燥時間を長くするか、火を弱くして、加熱時間を少なくしましょう。

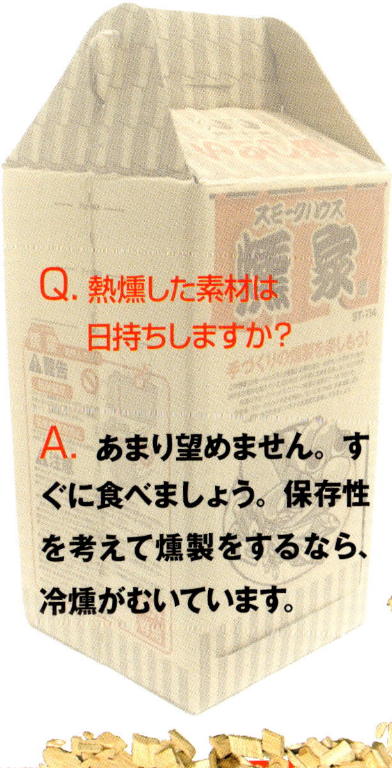

Q. 熱燻した素材は日持ちしますか？

A. あまり望めません。すぐに食べましょう。保存性を考えて燻製をするなら、冷燻がむいています。

おいしい! 簡単! だれにでもすぐできる!

自家製燻製を作るためのレシピの見方

独特の香ばしい風味と、ぎゅっと凝縮された素材の旨味が燻製最大の魅力です。本書では、それぞれのメニューをいちばん美味しく楽しめるように、食材ごとにポイントをまとめてあります。

レシピのデータ
材料や道具、下ごしらえや時間などがひと目でわかるようになっています。

イラスト
料理のポイントとなる場面は写真やイラストを使って声明しました。

料理の流れ
それぞれの場面のポイントがつかめるように、下ごしらえから燻煙、盛りつけまで、料理の流れごとに説明しました。

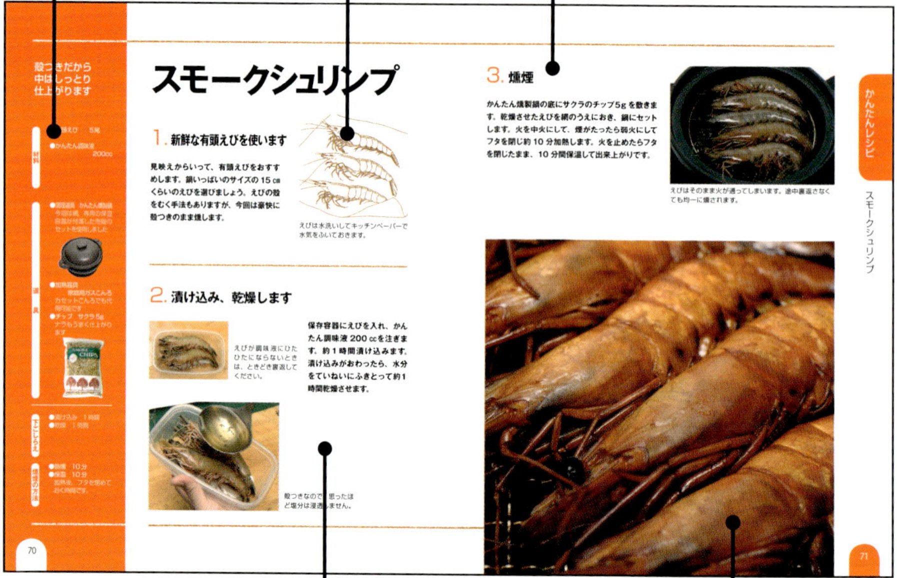
殻つきだから中はしっとり仕上がります

材料
●かんたん調味液 200cc

道具
●加熱器具 家庭用ガスこんろ カセットこんろでも代用可能です
●チップ サクラ5g ナラもうまく仕上がります

下ごしらえ
●漬け込み 1時間
●乾燥 1時間

燻煙の方法
●燻煙 10分
●保温 10分

スモークシュリンプ

1. 新鮮な有頭えびを使います

見映えからいって、有頭えびをおすすめします。鍋いっぱいのサイズの15㎝くらいのえびを選びましょう。えびの殻をむく手法もありますが、今回は豪快に殻つきのまま燻します。

えびは水洗いしてキッチンペーパーで水気をふいておきます。

2. 漬け込み、乾燥します

保存容器にえびを入れ、かんたん調味液200ccを注ぎます。約1時間漬け込みます。漬け込みがおわったら、水分をていねいにふきとって約1時間乾燥させます。

えびが調味液にひたひたにならないときは、ときどき裏返してください。

殻つきなので、思ったほど塩分は浸透しません。

3. 燻煙

かんたん燻製鍋の底にサクラのチップ5gを敷きます。乾燥させたえびを網のうえにおき、鍋にセットします。火を中火にして、煙がたったら弱火にしてフタを閉じ約10分加熱します。火を止めたらフタを閉じたまま、10分間保温して出来上がりです。

えびはそのまま火が通ってしまいます。途中裏返さなくても均一に燻されます。

かんたんレシピ
スモークシュリンプ

70
71

下ごしらえ
かんたん調味液への漬け込みや乾燥など、燻製には下ごしらえが必要です。写真と文章でわかりやすく解説しています。

完成写真
燻煙が完了し、料理が完成した状態の写真を掲載しました。どれくらいの色がつけばいいか参考にしてください。

かんたん燻製術

煙が少ないから自宅でできる、すぐできるのが「かんたん燻製」です。
食材を下ごしらえして、５分～１時間で食べられる、
しかもおいしいメニューばかりをそろえました。
アレンジも自在なので、このページを参考にして
新しい「かんたん燻製」にどんどんチャレンジしましょう。

初心者にも
手軽にできる
新定番メニュー

手羽中の燻製

材料

- 手羽中　6本
- かんたん調味液　150cc

道具

- 調理道具　家庭用燻製鍋
  今回は網、専用の保温容器が付属した市販のセットを使用しました

- 加熱器具
  家庭用ガスこんろ
  カセットこんろでも代用可能です
- チップ　サクラ5g
  ナラもうまく仕上がります

下ごしらえ

- 漬け込み　20分
- 乾燥　30分

燻煙の方法

- 熱燻　10分
- 保温　20分
  加熱後、フタを閉めておく時間です。

1. 常温にもどします

手羽中はとても燻製にむいています。とくに熱燻という調理法はぴったりです。外はパリッと中はジューシーに仕上がります。新鮮な手羽中を買ってきたら、常温にもどしておきます。

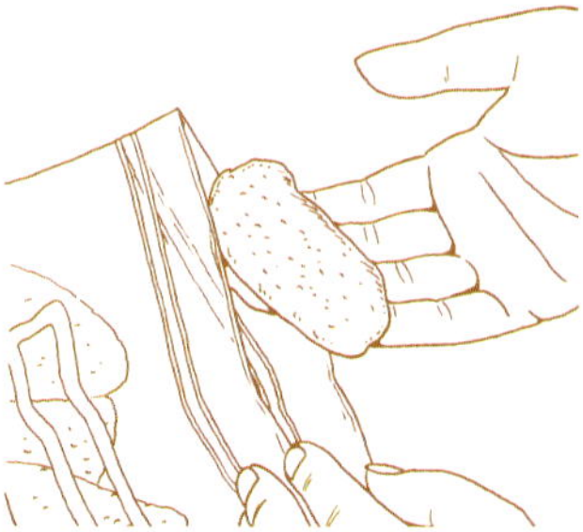

手羽中を漬け込む前に、お好みのハーブやスパイスを加えてみるのもよいでしょう。

2. 20分間漬け込みます

もんだりしなくてもOKです。

保存用パックに手羽中を入れ、かんたん調味液150ccをそそぎます。そのまま約20分間漬け込みます。

冷蔵庫に入れる必要はありません

3. 乾燥させます

20分間漬け込んだ、手羽中を取りだしてキッチンペーパーで水気をふきとります。この状態のまま約30分間乾燥させます。乾燥の目安は表面のぬめりがなくなり、ベタつかなくなり、キッチンペーパーのうえに置いても水分が出なくなる程度です。

乾燥のぐあいはさわってみて確かめてみましょう。

●適度な漬け込みと乾燥

燻製の仕上がりにいちばん影響するのが材料の乾燥です。余分な水分が材料のなかに残っていると、熱燻の特性上蒸し焼きのようになります。もちろん、あえて蒸し焼きにするレシピもありますが、総じて燻製らしさが失われてしまいがちです。そこで、下ごしらえの核となるのが、材料から水分を出すことです。塩分の濃い調味液に漬け込むのは、下味つけより、材料の水分を出すのが目的です。

●かんたん調味液の分量

水	1リットル
塩	100g
砂糖	100g
酒	100cc

お好みで

ブラックペッパー	少々
タイム	少々

くわしい作り方はP.22にあります

手羽中の燻製

4. 燻煙します

かんたん燻製鍋の底にサクラのチップ5gを敷きます。乾燥させた手羽中を網のうえにのせて、鍋の中に入れセットします。これで準備完了です。鍋をこんろのうえにおいて、中火にします。このとき鍋のフタは開けたままです(鍋によっては、はじめからフタをするものもあります)。30 秒から 1 分加熱すると、煙がたってきます。ここで火を弱火にして、フタを閉めます。あとは鍋まかせです。約 10 分加熱します。

煙がたったら、フタを閉じます。火加減があまり強いと煙がかなり出ますので注意して下さい。

5. 保温します

10 分たったら、火を止めます。フタを開けずにそのまま鍋を保温容器(付属してない鍋はフタを閉めたままで)に移して、約 20 分保温します。20 分たったら、フタを開けて、手羽中を取りだして完成です。

●どしどしチェックします

煙がたって、フタを閉めて後は鍋まかせが、かんたん燻製鍋のいいところです。しかし、フタを開けて中をチェックするのは禁じ手ではありません。短時間であれば、フタを開けてチェックしましょう。材料の色つきぐあいだけでなく、底に敷いたチップの燃えぐあいもチェックしましょう。

●裏返す必要は?

いちど試してみるとわかりますが、鍋底側(下)が色づきがいいとは限りません。鍋の中はドーム状で煙が対流しています。材料によっては上のほうが濃い色に仕上がることもあります。厚い肉、魚は、加熱調理の意味もかねて、裏返しましょう。

●いつが食べ頃?

材料によってまちまちです。アツアツがおいしものもあれば、数時間おいたほうが旨味が凝縮されておいしいものもあります。いわゆる煙臭さは時間がたつと消えますので、お好みで時間は調節しましょう。

6. 完成です

アツアツは、中がふっくらで肉汁たっぷり。燻製とは思えない一品です。

余熱で火を通すので
中はジューシーに
仕上がります

材料

●スペアリブ
1/2 サイズ　3 本
●塩　小さじ 1 1/2 杯
●ブラックペッパー　少々
●ローズマリー　少々

道具

●調理道具　かんたん燻製鍋
今回は網、専用の保温容器が付属した市販のセットを使用しました

●加熱器具
家庭用ガスこんろ
カセットこんろでも代用可能です
●チップ　サクラ 5g
ナラもうまく仕上がります

下ごしらえ

●下味をつける
●冷蔵庫で寝かせる
3 時間
●乾燥　表面が乾くまで

燻煙の方法

●熱燻　8 分
●保温調理 25 分

スペアリブ

1. 下味をつける

スペアリブは豚のあばら骨の肉のことです。ここではスモーク風味のローストで調理してみましょう。まず全体に塩を塗り込みます。これには下味をつけると同時に、余分な水分を抜くという効果があります。塩をすりこむ量と時間で仕上がりは変わりますが、今回はややしっとりとした焼きあがりとするため、1 本あたり小さじ半分ほどの塩をすり込むことにしました。

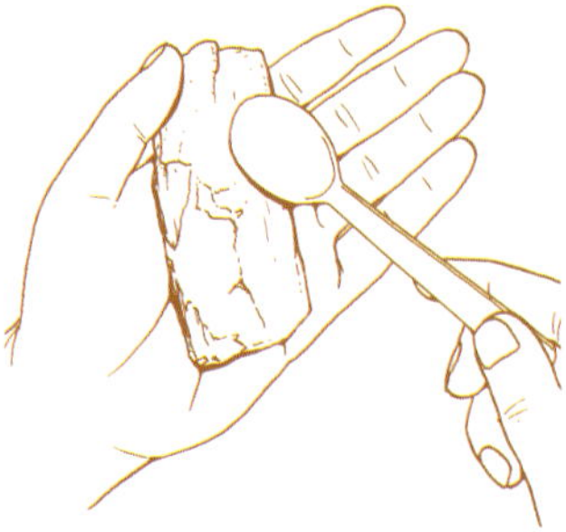

塩をスプーンにとり、指で肉全体にまぶしていきます。こまかい部分に行き渡るようにします。

2. 漬け込みと塩抜き

スパイスはお好みで。一般的なのはブラックペッパーです。

スペアリブの旨味はあばら骨のエキスと周囲の脂から出ます。この風味をよくするために、ハーブとスパイスを使いましょう。塩をすり込んだらブラックペッパーやローズマリーをまぶしておきます。このままラップに包んで、冷蔵庫で 3 時間ほど寝かせます。

ローズマリーはさわやかな風味を出すのに不可欠なハーブです。寝かせ終わったら冷蔵庫から出し、余分な水分を拭き取ってから室温になじませます。表面が乾いたら下ごしらえ完了です。

3. 燻煙

表面をカリカリに、中をしっとり仕上げるために、最初は強火から中火でしっかり熱を加えます。サクラのチップ 10g を鍋底に敷き、最初はフタを開けたまま、煙が出るまで熱します。その後フタをして約 8 分加熱します。火を止め保温容器に鍋を置き、約 25 分置きます。このときの余熱で中までしっかり火が通ります。

豚肉に火が通るのは約 75℃前後といわれています。保温容器に置いて、余熱で調理するかんたん燻製鍋にはピッタリの食材です。

気の利いたつまみが「いま食べたい」ならこのレシピです

材料

●市販のソーセージ　約10本程度
味付けのシンプルなものを選びましょう
●ブラックペッパー　少々

道具

●調理道具　かんたん燻製鍋

●加熱器具　家庭用ガスこんろ
カセットこんろでも代用可能です

●チップ　サクラ5g
ナラもうまく仕上がります

下ごしらえ

とくにありません

燻煙の方法

●熱燻　13分
●保温　5分
加熱後、フタを閉めておく時間です

スモークソーセージ

1. そのまま鍋にいれる

できるだけシンプルなソーセージを選びます。燻すと旨味が凝縮されますから、スモークらしさを楽しむためにも、素材にちかいものがむいています。鍋にいれるまえに湯がいたり、あらかじめ温めるなどの、下ごしらえは必要ありません。

ソーセージはすでに燻製してあるものもあり、種類が豊富です。市販されているものの多くは、家庭で燻すことによりさらに味わいが深くなります。

2. 鍋で燻す

かんたん燻製鍋の底に、チップを約5g敷きます。ソーセージをそのまま5～10本を網のうえにどれにも煙があたるようにならべます。中火で3分、その後火を弱火にしてフタを閉じます。火加減が強いとソーセージがこげてしまうことがありますので心配であればときどきフタを開けて、ソーセージを回すのもよいでしょう。写真のソーセージは直径15㎜くらいで、約10分加熱します。火を止め、フタをそのままで5分ほどの保温で出来あがります。太さにより時間は調節してみてください。

今回はクセのないサクラのチップを使用しました。色づきをよくしたいならナラのチップがおすすめです。

あつあつはビールのおつまみにぴったりです。冷めてもおいしいので作り置きして他の料理に使えます。

煙で焼く
ステーキは
あっさり目です

材料

- ステーキ用牛ヒレ肉　70～100g
- かんたん調味液　少々
- 塩　ひとつまみ

道具

- 調理道具　かんたん燻製鍋
  今回は網、専用の保温容器が付属した市販のセットを使用しました

- 加熱器具　家庭用ガスこんろ
  カセットこんろでも代用可能です
- チップ　サクラ5g
  ナラもうまく仕上がります

下ごしらえ

- かんたん調味液を塗る
- 乾燥　10分
- 下味をつける

燻煙の方法

- 熱燻　5分
- 余熱調理 10分

スモークステーキ

1. 肉の旨味をとじこめる

ヒレ肉はレアでも食べられる部位で、ステーキ用の肉ですので、柔らかく、肉汁もたっぷりです。スモークステーキは、燻製というよりは、グリルではなく煙で調理したステーキと考えてください。ヒレ肉の旨味をとじこめ、油を使わずヘルシーに仕上げます。

かんたん調味液をハケで塗り
10分ほど乾燥させます。

2. 水分をふき取ります

下味としての塩を調理する前に肉にすりこみます。

10分間乾燥させると、肉からかなりの水分が出てきます。それをキッチンペーパーでふき取っておきます。燻煙する寸前に塩をひとつまみ、すり込んでおきます。

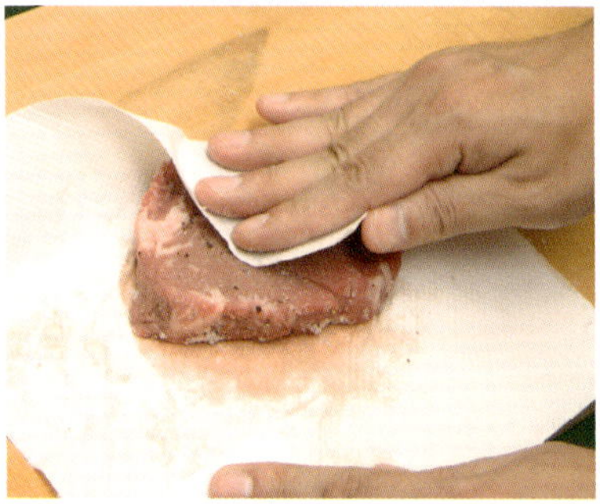

出てきた水分をこまめに
ふき取りましょう。

3. 燻煙

かんたん燻製鍋の底にサクラのチップ約 5g を敷きます。肉を網の上にのせ、鍋にセットします。火を中火にして煙がたったら、弱火にしてフタを閉じ 5 分加熱します。火を止め肉を取りだします。このときすぐに食べようと肉を切ると赤い肉汁があふれてきますので 10 分待ちます。10 分たったら食べ頃です。

肉にはその他のチップも合いますが素材の味を生かすならサクラが無難です。

スモークチキン

弾力ある
歯ごたえに
しっとり感をプラス

材料

●鶏骨付きもも肉
1本（約300g）
●かんたん調味液
300cc

道具

●調理道具　かんたん燻製鍋

●加熱器具
家庭用ガスこんろ
カセットこんろでも代用可能です

●チップ　サクラ 10g

下ごしらえ

●塩をすり込む
●漬け込み　30分

燻煙の方法

●熱燻　中火で3分
弱火で8分、次に裏返して弱火で8分
●保温　2分
加熱後、フタを閉めておく時間です。

1. チキンの下ごしらえ

じっくりと時間をかけて乾燥させ、歯ごたえのある美味しさが感じられるのがスモークチキンの魅力です。でも、まるごと調理するには何日もかかってしまいます。「いま食べたい、今日食べたい」というときのために、かんたん燻製鍋で楽しめるスモークチキンの作り方を紹介しましょう。

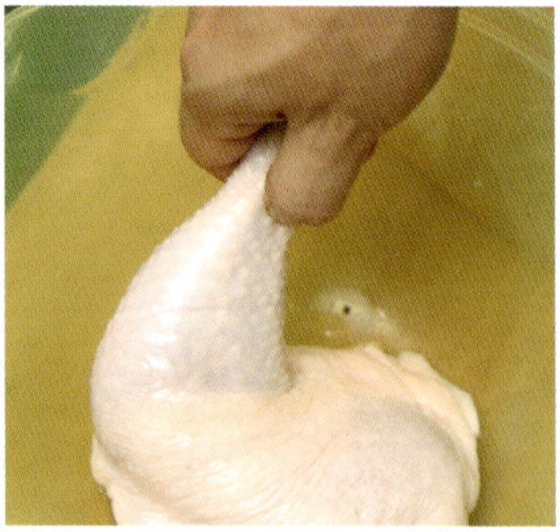

大ぶりのもも肉をまるごと使います。まず全体に塩をすり込んで水気を取っていきます。

2. 漬け込みと塩抜き

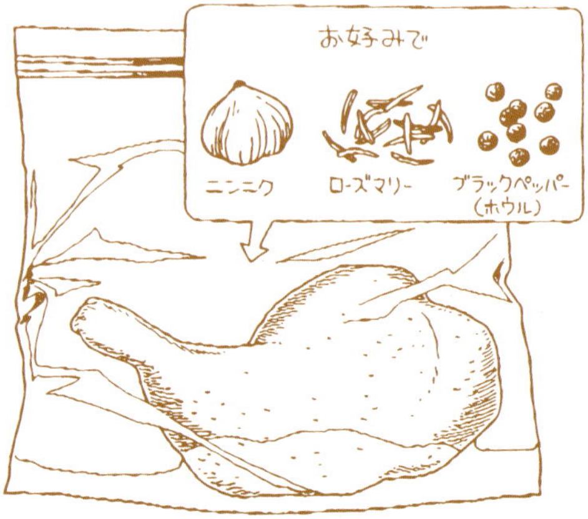

塩をすりこんで30分ほど置いたら、保存用のビニール袋に入れてかんたん調味液300ccを注ぎます。これで下味が肉にどんどんしみこみます。

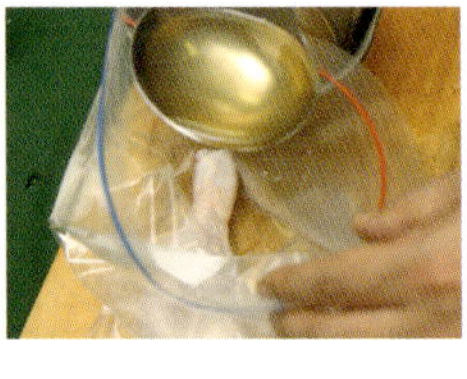

かんたん調味液は肉がひたひたに浸かるくらい。お好みでハーブやスパイスを追加してもOKです。

30 分ほど漬け込んだら肉を取り出し、表面の水気を拭き取ります。かんたん燻製鍋に置いたら燻煙開始です。

スモークチキン

3. 燻煙

水分の多い肉で作るかんたん燻製ですから、しっとりとした出来あがりです。

チップはサクラを 10g 使用します。あとはフタを閉めて中火で 3 分、弱火にして 8 分燻します。全体に風味がいきわたるよう、フタを開けてひっくり返して、さらに弱火で 8 分燻します。その後、フタを閉めたまま火を止めて、だいたい 2 分ぐらい落ち着かせれば出来あがりです。

かんたん鍋で
明日味わえる
ベーコンの風味

ベーコン風豚バラ燻

材料

●豚バラ肉
1本（約400g）
●かんたん調味液
300cc

道具

●調理道具　かんたん燻製鍋

●加熱器具
家庭用ガスこんろ
カセットこんろでも代用可能です

●チップ　サクラ10g

下ごしらえ

●キッチンペーパーで水分を取り除く
●漬け込み　24時間
●風乾

燻煙の方法

●熱燻　弱火で15分
ひっくり返して15分

1. 豚バラ肉の下ごしらえ

ベーコン作りは、燻製ファンの間ではひとつの目標とされるほどのメニューです。本格的なベーコンは、作るのに数日の時間を要する大作メニューなのですが、これならずっとかんたんにできてしまいます。しかも、かたまりのまま、かぶりつけるのです。

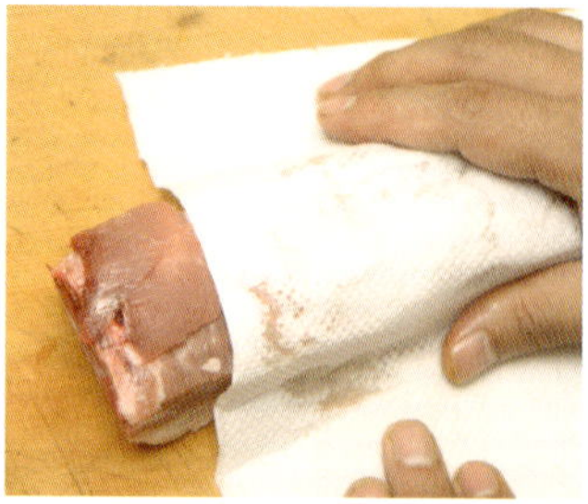

ベーコンは豚のバラ肉を使います。アバラの少ない部位が最適とされますが、今回はすぐに食べられるように、柔らかな脂身の多い部位を使います。

2. 漬け込みと塩抜き

保存用パックに豚バラ肉と調味液300ccを入れ、口を閉じたら約24時間ほど寝かせます。数日間熟成させるなら、漬け込みの前に肉全体に塩をすり込んでおきます。この場合は漬け込み後の塩抜きが必要になります。

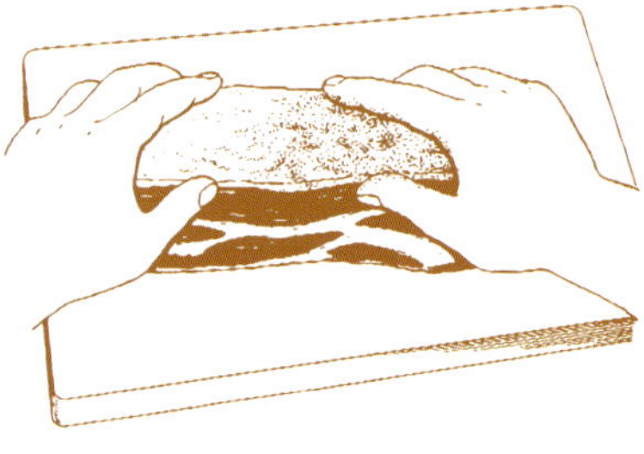

塩をすり込む場合は、ハーブやスパイスを混ぜたものを使うと風味が増します。

3. 乾燥させます

袋から取りだし、風通しの良いところに置いて１日ほど乾燥させます。また、塩をすり込んで数日漬け込んだ場合には、流水で２～３時間塩抜きしましょう。かんたん調味液に１日漬けただけなら、そのまま乾燥してしまってもOKです。

野外で風乾させる場合にはキッチンペーパーなどで包み、網などで覆うとよいでしょう。冷蔵庫に入れておいても乾燥できます。

ベーコン風豚バラ燻

3. 燻煙

下ごしらえをすませた肉をサクラのチップ 10g を敷いた燻製鍋に入れて火をつけます。弱火で 15 分、ひっくり返して 15 分と、熱燻でじっくり火をとおせば、ベーコンの風味がついた豚バラ燻が完成します。また、最初から中火にして 5 分ずつ燻せば、表面がカリッと仕上がったかんたんベーコンが出来あがります。かんたんベーコンの場合は、焼き上がったらすぐにフタを開け、水気を飛ばします。

中までしっとりのチャーシュー風からカリッとしたベーコン風の仕上がりまで、さまざまな焼き方を試しましょう。

表面に燻製色をつけたかんたんベーコン風に仕上げた場合は、食べるときには再加熱しましょう。フライパンならハムステーキ風、網焼きならさらにカリカリしたベーコン風の食感が楽しめます。

燻製の定番
「ラムチョップ」を
手軽に作りましょう

材料

- ●ラム骨付きロース ステーキ用 1本約70g
- ●かんたん調味液 200cc

道具

- ●調理道具 家庭用燻製鍋
  今回は網、専用の保温容器が付属した市販のセットを使用しました

- ●加熱器具 家庭用ガスこんろ
  カセットこんろでも代用可能です
- ●チップ サクラ10g
  ナラもうまく仕上がります

下ごしらえ

- ●漬け込み 30分
- ●乾燥 1時間半

燻煙の方法

- ●熱燻 15分
- ●保温 25分
  加熱後、フタを閉めておく時間です。

ラムチョップ

1. ラムの下ごしらえ

ジンギスカンブームで最近注目を浴びるようになった羊の肉ですが、燻製の世界ではラム肉は比較的ポピュラーな食材です。燻煙が独特のにおいを消し、香ばしさをより増してくれるからです。

骨付きのラム肉を用意します。まずバットに空けて水分を取ります。

2. 漬け込みと塩抜き

漬け込みは保存用パックに入れます。かんたん調味液は200ccで、袋の口を閉じて30分ほど寝かせます。時間に余裕がある場合には、ハーブや香味野菜を漬け込むとより風味がよくなります。

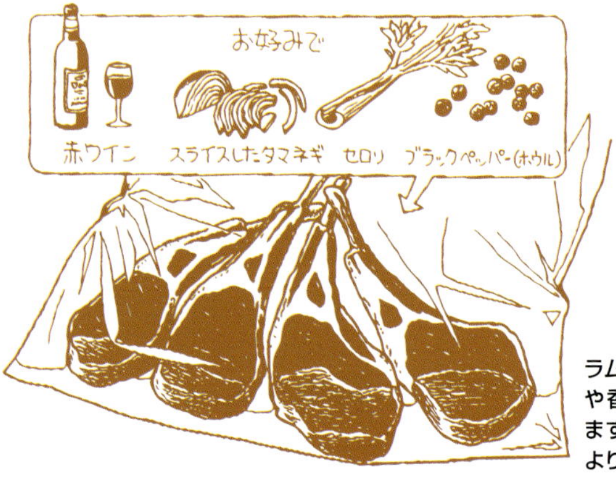

ラムが苦手という人は、ハーブや香味野菜を一緒に漬け込みます。赤ワインなども加えるとより味が深くなります。

3. 乾燥させます

寝かせておいたラム肉を袋から取り出し、キッチンペーパーで包んで水気をよく取ります。その後 1 時間半程度、室内で乾燥させます。このときハーブを肉の上に置いておきましょう。脂身の部分がやや透明がかってくるぐらいまで乾燥させるのがベストといわれています。

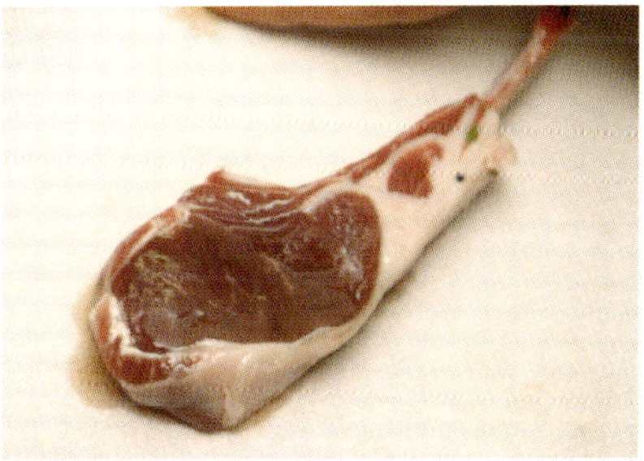

水気を取るときには拭き取らないように。キッチンペーパーを敷いておき、肉のまわりを包みながら、吸わせるようにして水気を取りましょう。

ラムチョップ

4. 燻煙

乾燥が終わったら、かんたん燻製鍋にサクラのチップ10gを入れ、網の上に肉を置いて点火します。最初はフタをせずに中火にかけ、煙がたち上ってきたらすぐにフタをして、弱火で15分ほど燻します。その後鍋を保温容器に置き、25分経ったらフタを開けて出来上がりです。

納豆の燻製

ついつい後を引く
変わり納豆です
おつまみにも最高

材料

●大粒納豆 80g
●塩　小さじ１杯

道具

●調理道具　かんたん燻製鍋

●加熱器具
家庭用ガスこんろ
カセットこんろでも代用可能です
●チップ　サクラ 10g

下ごしらえ

まず水で洗って納豆の粘り気を取り、塩を小さじ１杯ほど振り、手にくっつかない程度になるまで乾燥させます。

燻煙の方法

●熱燻　５分

1. 余分なぬめりを取る

日本を代表する食べ物のひとつでありながら、わりと好き嫌いが分かれる納豆ですが、燻製にすることで、あの独特の臭いがなくなり、食べやすくなります。粘り気もなくなりますからお菓子代わりに、またはお酒のつまみとしてもなかなか合うでしょう。

まず納豆独特のぬめりを取ります。パックからざるにあけ、全体をほぐしながら流水でさっと洗いましょう。

2. 干し納豆を作る

塩を小さじ１杯ほどふりかけ、しっかりと乾燥させます。天日でじっくり干すのが理想的ですが、時間がないときにはオーブンなどを使うのもよいでしょう。オーブントースターの場合は扉を開けた状態で、オーブンレンジの場合は比較的低温で乾燥させます。一気に長時間加熱せずに、10 分くらいずつ様子を見ながら進めましょう。ひと粒がそれぞれ乾燥して小さくなり、つまんでも手につかなくなるようになったら、下ごしらえは完了です。

乾燥させるとかなり小さくなるので、大粒の納豆を用意しましょう。

3. 燻煙

次に乾燥させた納豆をザルに入れてから燻製鍋にセットしてください。調味液はいりません。底にはさくらのチップ 10g を敷いておきます。フタをしてから中火で 5 分ほど燻してください。出来上がった燻製納豆は、お好みで塩を振ったり、万能ネギを散らすとよいでしょう。

味付けは塩だけでじゅうぶん美味しくなりますが、カラシや万能ネギとの相性も抜群です。

釣行先でも
家庭でも
二度楽しめます

材料

●ニジマス、イワナ
などの川魚
（1尾100gほど）
●かんたん調味液 50cc

道具

●調理道具　かんたん燻製鍋

●加熱器具
家庭用ガスこんろ
カセットこんろでも代用可能です

●チップ　サクラ10g

下ごしらえ

●魚をさばく
●水で洗い、ぬめりを取る
●漬け込み　ひと晩
●風乾　ひと晩

燻煙の方法

●熱燻　20分

川魚の燻製

1. 釣果を美味しく

渓流釣りを楽しむのだったら、ぜひ覚えておきたいのがニジマスやイワナなどの川魚の燻製。釣ったその場で燻製にしておけば、山をおりた後でも美味しくいただけるからです。

上がニジマス、下がイワナです。養殖ものがかんたんに手に入ります。姿、形は似ていますが、味はそれぞれの旨味があります。

2. 臭みのもとになるワタを取りましょう

肛門から腹に向けて裂き、ワタを取りだします。

本来川魚は臭みが強いといわれますが、燻製にすることによって川魚独特な臭みもなくなり、香ばしさが強調されます。保存性を考えて、ワタやエラなど、いたみやすい部分はしっかり取るようにしましょう。

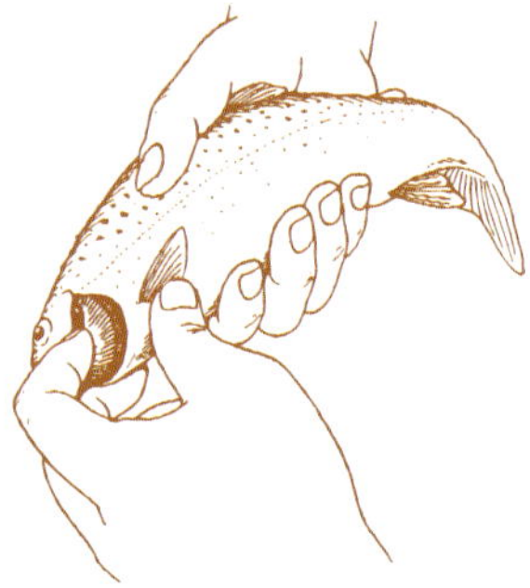

エラは指でえらぶたを引き起こして外しましょう。

3. 漬け込みと乾燥

ジッパー付きのビニール袋に裂いた魚を入れ、かんたん調味液を注ぎます。漬け込みは数時間からひと晩ほどが適当です。野外で楽しむ場合には粗塩を振って、より乾燥させてから漬け込むと時間を短縮できます。乾燥は網つきの乾燥かごなどに入れて、風に当てるのがベストですが、虫や鳥、動物に注意しましょう。風乾する場所は直射日光の当たらない、風通しのよいところを選んでください。

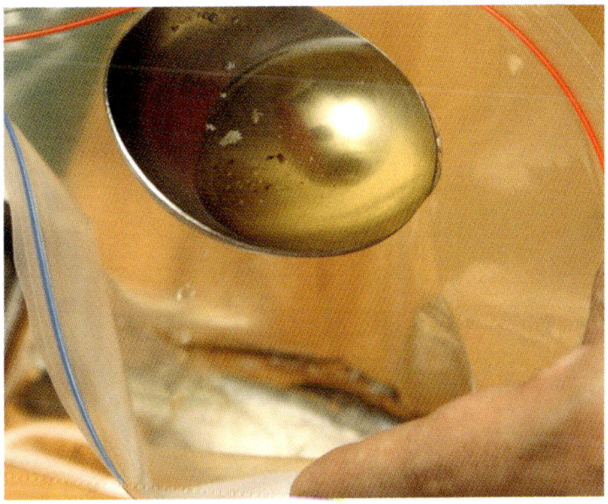

家庭で乾燥させるときには冷蔵庫で寝かせておくと短時間で済みます。ただし臭いが移らないように注意しましょう。

屋外で風乾する場合には、ゴミや虫などがたからないように。また、キャンプ場などでは小動物に獲られてしまうこともあるので注意が必要です。ネット付きの乾燥かごは必需品です。

川魚の燻製

4. 燻煙

かんたん燻製鍋では約２尾を一度に燻煙できます。サクラのチップ 10g を鍋底に敷き、フタをしたら着火します。弱火で 20 分じっくり焼けば、黄金色の燻製の完成です。熱いまま食べればしっとりとした食感が、フタを空けてしばらく置いておくと水気が飛んだ、香ばしい食感が楽しめます。

お腹にハーブなどを詰めて燻煙すると、さらにさわやかな風味が増します。

中心がほんのり赤い
生でいただく
サラダ仕立て

マグロのカルパッチョ

材料

- ●刺身用メバチマグロ　約200g
- ●かんたん調味液　少々

道具

- ●調理道具　かんたん燻製鍋
  今回は網、専用の保温容器が付属した市販のセットを使用しました

- ●加熱器具
  家庭用ガスこんろ
  カセットこんろでも代用可能です
- ●チップ　サクラ5g

下ごしらえ

両面に調味液を塗り30分程度乾燥させます。

燻煙の方法

●熱燻　3分

1. 調味液を塗る

刺身で食べてもステーキにしても美味しいマグロですが、ここはあえて燻製に挑戦します。しっかりと乾燥させてから燻製鍋にかけるのがこつですが、うまくできれば刺身やステーキにも負けない美味しさを持つ燻製マグロの味を楽しむことができます。

調味液はハケで塗ります。すぐに吸収されるので、両面を何度か塗り、しばらく乾燥させます。

2. 鍋でいぶす

マグロを選ぶときに特にこつはありませんが、2cm程度の厚みがあるほうが美味しくできます。冷凍ものでももちろんかまいませんが、冷凍マグロを選んだのであれば、必ず解凍してから使用してください。マグロはブロックのまま両面に調味液を塗り、30分程度乾燥させます。次にサクラのチップ5gを底に敷いた燻製鍋に入れ、最初はフタをしないで中火にかけます。ほどなくして煙がたってきますので、そうしたらフタをして弱火で3分間、燻してください。これでマグロのタタキの完成です。

もともと刺身用のまぐろなので、表面にうっすらと色がついたらOKです。

野菜を皿に敷き、薄く切ったマグロにコショウとオリーブオイルを振りかけて仕上げます。燻煙でついたほのかな酸味が鮮烈です。

市販の蛸燻とは
ひと味ちがう
ぷりぷり感

材料

- マダコ（ゆで）　足１本
- イイダコ（ゆで）　６匹
- かんたん調味液　150cc

道具

- 調理道具　かんたん燻製鍋

- 加熱器具
  家庭用ガスこんろ
  カセットこんろでも代用可能です
- チップ　サクラ 5g

下ごしらえ

- かんたん調味液に漬け込む　5～15分
- 乾燥　30分

燻煙の方法

- 熱燻　13分

タコくん

1. まず味見しましょう

よく見かけるマダコにちっちゃなイイダコ、２種類のタコをいっしょに燻してみます。市販のものは塩ゆでされていますので、うっすらと塩味がついています。かんたん調味液に漬け込むまえに、味見をしてください。下味の塩加減に応じて５～15 分程度、漬け込む時間を調整してください。

マダコは足を１本、イイダコ６匹で 150 ccのかんたん調味液におよそ 10 分漬け込みます。

2. 30分乾燥させます

漬けおわったら、水分をキッチンペーパーでよくふき取り、30分乾燥させます。じゅうぶん乾燥させたら、かんたん燻製鍋の底にサクラのチップ約5gを敷きます。

すでにゆでてあるので、火を通すより、燻製風味をつける調理と考えましょう。

3. 燻煙

フタをして中火で3分、その後火を弱火にして10分加熱します。途中、フタを開けて色づきの具合を確かめ、ムラがあるようだったらタコを裏返します。時間になったら火を止め、粗熱を取っていただきます。

燻す時間もお好みですが、あまり色をつけなくても燻製風味がつきます。

そのままでも、おいしいですが、てんぷら、たこ飯、の具として使うとかなりオツです。

しっとり、ふっくら
仕上げが
いけます

材料

- ホタテ貝　5個
  ボイル冷凍、生冷凍、活ホタテ、いずれもOKです
- かんたん調味液　100cc

道具

- 調理道具　かんたん燻製鍋

- 加熱器具　家庭用ガスこんろ
  カセットこんろでも代用可能です
- チップ　サクラ5g

下ごしらえ

- 漬け込み　10分
- 乾燥　1時間

燻煙の方法

- 熱燻　8分
- 仕上げの乾燥　30分

ホタテ

1. 冷凍でも生でもできます

ホタテがボイルした冷凍のものでしたら、完全に解凍してキッチンペーパーで水分をふき取っておきます。生を冷凍したものも同様です。

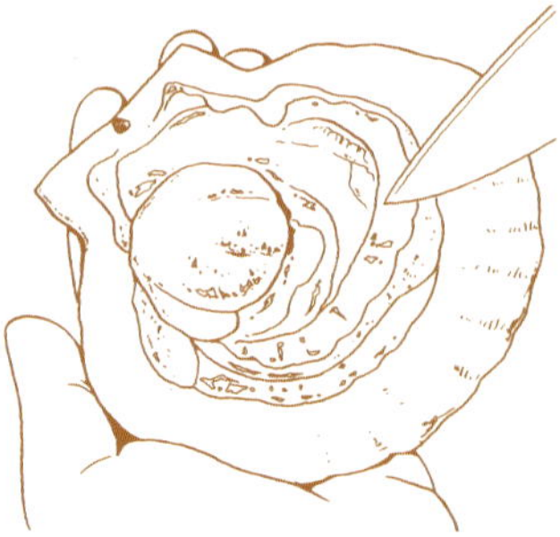

活きホタテが手に入ったら、図のように貝から身を取りはずし、ぬめりを取ります。

2. 漬け込み、乾燥します

市販されているホタテの燻製は貝柱だけですが、家庭ではすべて料理に使います。

保存用パックにホタテ5個を入れ、かんたん調味液を100cc注ぎ、10分ほど漬け込みます。10分たったらホタテを取りだし、水分をキッチンペーパーでふき取り、約1時間乾燥させます。

しっとり、ふっくら燻製に仕上げるため漬け込みは10分と短めに設定します。

3. 燻煙

かんたん燻製鍋の底にサクラのチップ 5g を敷きます。乾燥させたホタテ 5 個を網の上にのせ、鍋にセットします。フタを閉じて、中火で 3 分、弱火で 5 分加熱します。火を止めホタテを取りだして、粗熱を取りながら、約 30 分乾燥させて出来あがりです。

裏返す必要はありませんが、5 分経過したら、色づきの具合をチェックしてみてください。

そのままで、いただけます。サラダ、中華の炒め物の素材として重宝します。

しっとり
ジューシーな
おかず燻製

生鮭のスモーク

材料

- 生鮭　３切れ
- かんたん調味液　200cc

道具

- 調理道具　かんたん燻製鍋
  今回は網、専用の保温容器が付属した市販のセットを使用しました

- 加熱器具
  家庭用ガスこんろ
  カセットこんろでも代用可能です
- チップ　サクラ5g

下ごしらえ

- 水分をふき取る
- かんたん調味液に漬け込む　５～10分
- 乾燥　約１時間

燻煙の方法

- 熱燻　10分
- 保温　20分
  加熱後、フタを閉めておく時間です

1. 水分をふきます

生鮭は2㎝くらいの厚さに切り分けます。かんたん調味液に漬け込むまえに、キッチンペーパーでよく水分をふき取っておきます。生鮭は塩鮭にくらべ水分を多く含んでいます。かんたん燻製では、中はふわっと、外はパサッと仕上がるので、おもしろい食材です。

とくに秋鮭は脂がのって、味が濃厚になります。

2. かんたん調味液に漬けます

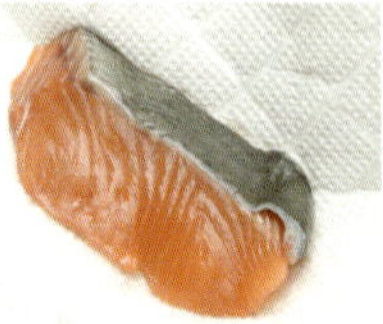

水分を取るついでに、皮のぬめりを取っておきましょう。生臭さが減ります。

水分をふいた生鮭を保存用ビニールパックに入れ、3切れに対し、かんたん調味液を200ccをそそぎ、漬け込みます。時間は5分から10分程度でじゅうぶんです。

冷蔵庫に入れず常温でOKです。漬けすぎるとかなり塩辛くなってしまいます。

3. 乾燥と燻煙

かんたん調味液から取りだして、水分をふき取り、約1時間乾燥させます。乾燥させたら、かんたん燻製鍋の底にサクラのチップ約5gを敷いて、中火にかけます。煙がたってきたらフタを閉じて弱火にして約10分加熱します。火を止めたらフタを閉じたまま保温容器で保温約20分して出来あがりです。

弱火にした後、約5分たったら裏返しましょう。身をくずさないよう、注意してください。

弾力ある
歯ごたえに
しっとり感をプラス

材料

●生イカ 1ぱい
●かんたん調味液 50cc

道具

●調理道具 かんたん燻製鍋

●加熱器具
家庭用ガスこんろ
カセットこんろでも代用可能です

●チップ サクラ 10g

下ごしらえ

●イカをさばく
●漬け込み 30分
●乾燥 30分

燻煙の方法

●熱燻 8分

自家製イカくん

1. イカをさばきます

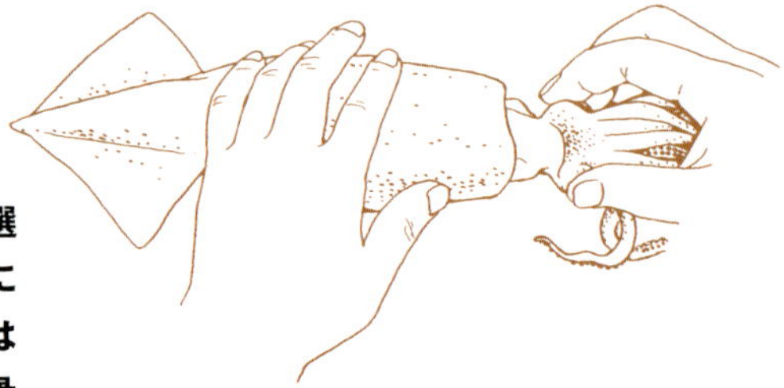

素材のイカは新鮮なイカを選びましょう。イラストのように胴体と頭を指をいれて取りはずします。そして、ワタと軟骨を取りだしよく水洗いします。

胴体、エンペラ、足を使うので包丁で切り分けます。

2. 30分漬け込みます

イカは皮をむいても、むかなくてもおいしく仕上がります。

イカの胴体、エンペラ、足を保存用パックに入れかんたん調味液を約50cc注ぎ、30分間漬け込みます。30分たったら、イカを取りだし水分をキッチンペーパーふき取って、30分乾燥させます。

漬け込みは冷蔵庫に入れなくてもOKです。液の塩分がイカの水分を出してくれます。

3. 燻煙

かんたん燻製鍋の底にサクラのチップ 10g を敷きます。乾燥させたイカを網にのせ鍋にセットします。フタを閉じて中火で 3 分、弱火で 5 分加熱します。火を止め、イカを取りだし粗熱を取って、冷ましていただきます。

イカは加熱すると、かなり小さくなりますので、網の目から落ちないように考えてセットしましょう。

自家製のイカくんは市販のものとは違って、しっとりとした感触がウリです。

カツオの生利節《なまりぶし》

焼酎のロックにとても合う渋味の楽しみ

材料

●市販の生利節 150～200g

●かんたん調味液 100cc

道具

●調理道具　かんたん燻製鍋

●加熱器具 家庭用ガスこんろ カセットこんろでも代用可能です

●チップ　サクラ 10g

下ごしらえ

●水分ふき取り
●かんたん調味液に漬け込む　10分
●乾燥　30分

燻煙の方法

●熱燻　8分

1. 渋味をいかします

生利節（なまりぶし）とはカツオの身を茹でて干したものです。カツオ節とツナの中間のような味と食感は燻すと旨味が凝縮して、オツな一品になります。

市販の生利節を適当な大きさに切り分けます。今回は一口サイズと取り分けサイズに分けて楽しみます。

2. 漬け込みます

市販の生利節はすでに味付けされているものもあります。その場合は水分をふき取って、30分くらい乾燥させます。また味の薄いものは、かんたん調味液に10分ほど漬け込んでからおなじように乾燥させます。

3. 燻します

サクラのチップ約10g、鍋の底に敷きます。乾燥させた生利節を網のうえにおきます。フタをして中火で3分、弱火で5分加熱して出来あがりです。粗熱を取ってからいただきます。

ときどきフタを開けて色づきの具合をチェックしましょう。

殻つきだから
中はしっとり
仕上がります

材料

●有頭えび　5尾

●かんたん調味液
200cc

道具

●調理道具　かんたん燻製鍋
今回は網、専用の保温容器が付属した市販のセットを使用しました

●加熱器具
家庭用ガスこんろ
カセットこんろでも代用可能です

●チップ　サクラ5g
ナラもうまく仕上がります

下ごしらえ

●漬け込み　1時間
●乾燥　1時間

燻煙の方法

●熱燻　10分
●保温　10分
加熱後、フタを閉めておく時間です。

スモークシュリンプ

1. 新鮮な有頭えびを使います

見映えからいって、有頭えびをおすすめします。鍋いっぱいのサイズの15㎝くらいのえびを選びましょう。えびの殻をむく手法もありますが、今回は豪快に殻つきのまま燻します。

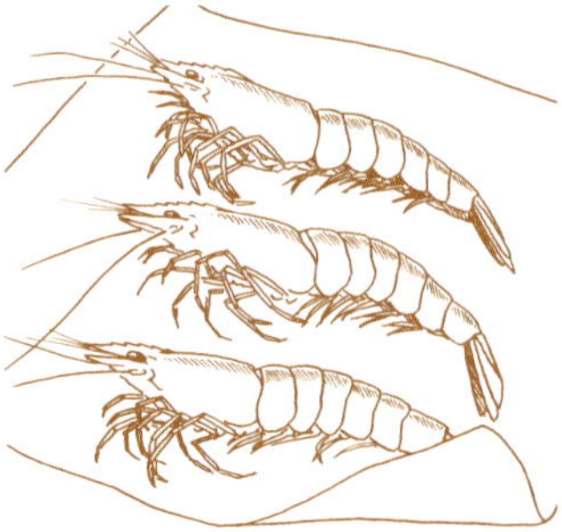

えびは水洗いしてキッチンペーパーで水気をふいておきます。

2. 漬け込み、乾燥します

えびが調味液にひたひたにならないときは、ときどき裏返してください。

保存容器にえびを入れ、かんたん調味液200㏄を注ぎます。約1時間漬け込みます。漬け込みがおわったら、水分をていねいにふきとって約1時間乾燥させます。

殻つきなので、思ったほど塩分は浸透しません。

3. 燻煙

かんたん燻製鍋の底にサクラのチップ5g を敷きます。乾燥させたえびを網のうえにおき、鍋にセットします。火を中火にして、煙がたったら弱火にしてフタを閉じ約 10 分加熱します。火を止めたらフタを閉じたまま、10 分間保温して出来上がりです。

えびはそのまま火が通ってしまいます。途中裏返さなくても均一に燻されます。

ピリッと苦味が
ビールと
相性よしです

材料

●市販のシシャモの干物
5尾

道具

●調理道具　かんたん燻製鍋
今回は網、専用の保温容器が付属した市販のセットを使用しました

●加熱器具
家庭用ガスこんろ
カセットこんろでも代用可能です

●チップ　サクラ5g

下ごしらえ

とくにありません

燻煙の方法

●熱燻　5分
●保温　5分
加熱後、フタを閉めておく時間です

シシャモ

1. 常温にもどすだけ

市販のシシャモ約5匹を使います。冷蔵庫から出して常温にもどしておきます。表面に水分が出てきたら、キッチンペーパーでふいておきます。下味はとくにつけません。

2. 漬け込みと塩抜き

かんたん燻製鍋にサクラのチップ約5g を敷きます。常温にもどしたシシャモを網にのせ鍋のなかにセットします。中火で数分、煙がたつまで加熱します。煙がたってきたら、火を弱火にしてフタを閉じます。そのまま約5分加熱します。5分たったら火を止めフタしたまま約5分保温します。出来上がったら、熱いうちにいただきましょう。

色づきが足りないと思ったら、
保温の時間で調節しましょう。

ビールのおつまみにはぴったりです。燻すことで、ピリッとした刺激と旨味が凝縮されるのです。

気の利いたつまみが
「いま食べたい」
ならこのレシピです

材料

●市販の焼き鳥・ねぎま
味付けしていないもの
を選ぶとベストです

●かんたん調味液　少々

道具

●調理道具　かんたん燻製鍋

●加熱器具
家庭用ガスこんろ
カセットこんろでも代
用可能です

●チップ　サクラ5g
ナラもよくあいます

下ごしらえ

調味液を塗って 30 分ほ
ど乾燥させます

燻煙の方法

●熱燻　8分

燻製焼き鳥

1. 下ごしらえをする

焼き鳥はスーパーマーケット等で売っている、最初から串に刺してあるものでじゅうぶんですが、味がついていないものを選びましょう。燻製にすると、ちょっと変わった焼き鳥の味を楽しめます。焼き鳥なのに鳥肉のハムのような独特な味といえます。

加熱前の焼き鳥を使用する場合は、オーブンで軽くあぶっておき、中まで火を通しましょう。味付けは調味液をハケで塗り、表面を乾かします。

2. 鍋で燻す

かんたん燻製鍋の底にさくらのチップを 5g 敷きます。市販の焼き鳥に調味液を塗って 30 分ほど乾燥させたものを、串付きのまま燻製鍋に並べます。燻製鍋に焼き鳥数本をセットしたらフタをして、最初は中火で 3 分ほど燻します。時間が経ったら、火を弱火にしてさらに 5 分ほど燻してください。

今回はクセのないサクラのチップを使用しました。色づきをよくしたいならナラのチップがオススメです。

3. 燻煙

弱火にして時間が経ったら、フタを開けて色の付き具合を確認しましょう。あらかじめ火を通してあるので、保温時間も必要ありません。火を止めてフタを開けたら、アツアツのままいただきましょう。

表面が飴色になったら成功です。全体からにじんだ鶏の脂の照りが食欲をそそります。

何本も串を用意して、チップをやや多めにしておき、何度も燻して鍋のまま頂くのもよいでしょう。ただし脂が垂れて焦げたときには、全体に焦げた臭いがまわってしまうので、チップを交換しましょう。

風乾してある
干物だから
すぐに燻煙できる

材料

●市販のあじの開き　1枚

●かんたん調味液　少々

道具

●調理道具　かんたん燻製鍋

●加熱器具
家庭用ガスこんろ
カセットこんろでも代用可能です

●チップ　サクラ 10g

下ごしらえ

調味液を塗って 30 分ほど乾燥します。

燻煙の方法

●熱燻　13分

アジの干物

1. 干物をかんたん燻製

アジの開きは日本人にとって比較的ポピュラーな食卓の一品です。そのあじの開きを燻製にして、新たな献立を追加してしまいます。上手に作ればサクラの香りが見事に味を引き立ててくれます。そのまま食べても、ご飯のおかずにも最適です。

2. 調味液を塗る

アジの開きは干物を使用します。干物は魚などを塩水に漬けて干してあります。つまり、あらかじめ燻製のための下ごしらえができた状態なので、すぐに燻煙することができるので大変便利です。ただし、最近は干物の業界でも減塩志向が一般的になっているため、そのまま燻してしまうと煙の味が勝ってしまう場合もあります。とくに甘塩と表記されている干物の場合は、ハケなどで調味液をひと塗りしてあげるとよいでしょう。

調味液は燻煙直前に塗ってもかまいません。ハケでほんのひと塗りしてあげましょう。

3. 燻煙

あらかじめサクラのチップ 10g を底に敷いた燻製鍋の中に、下ごしらえをしたアジの開きを入れます。フタをしたら中火で 3 分ほど燻した後、火を弱火にしてさらに 10 分燻してください。火が強すぎたり燻す時間が長すぎると焦げたり身が崩れてしまいますので、注意してください。このアジの燻製は、すぐにいただいても、時間を置いてからでも美味しくいただけます。

焼き魚のときと同様、身を下にして網に乗せます。

「羽根つき」を超えた
香ばしい食感が
やみつきに

材料

●市販のチルド餃子
味付けのシンプルなものを選びましょう
●かんたん調味液　適量

道具

●調理道具　かんたん燻製鍋
今回は網、専用の保温容器が付属した市販のセットを使用しました

●加熱器具
家庭用ガスこんろ
カセットこんろでも代用可能です

●チップ　サクラ5g

下ごしらえ

調味液を塗って30分ほど乾燥させます。

燻煙の方法

●熱燻　8分
●保温　5分
加熱後、フタを閉めておく時間です

燻製ギョーザ

1. チルド餃子でOK

餃子はスーパーマーケットに売っているものでOKです。燻製にすることによって一風変わった餃子の出来上がり。最近はさまざまな種類があるので、いくつか混ぜて燻製しても楽しめます。ご家庭でも、また野外料理としてもオススメです。

2. 下味を付ける

チルド餃子はあらかじめかんたん調味液を塗って、30分ほど乾燥させておきます。ひとくちにチルド餃子といっても、もっちりとした食感のものから、パリパリの仕上がりが楽しめるものまでたくさん種類があります。また具も肉類や海鮮、野菜などがあるので、数種類を混ぜた場合にはそれぞれ異なった仕上がりが期待できます。どんな味になるか想像しながら下ごしらえをするのも楽しいものです。

かんたん調味液はハケでひとつひとつ塗っていきましょう。

3. 燻煙

サクラのチップ 5g を底に敷き詰めたかんたん燻製鍋の中に餃子を並べたら、まずはフタをしないで強火にかけてください。煙が出始めたらフタを閉め、中火で 8 分ほど燻します。時間が経ったら火を止め、フタを開けずに 5 分ほどそのままにしておきます。これで燻製餃子の出来あがりです。手軽にできる燻製としては、このチルド餃子は最右翼でしょう。あらかじめ調味液さえ作っておけば、いつでもどこでも素早く燻製餃子が出来てしまいます。

鍋の中でくっつかないように並べましょう。

蒸し餃子を使えば皮がパリパリに仕上がります。また、生タイプの皮ならしっとりと仕上がります。組み合わせれば何種類もの味が楽しめます。

トロトロくんたま

何個でも
食べたくなる
自家製「くんたま」

材料

- ●生たまご 5～7個
- ●かんたん調味液 150㏄

道具

- ●調理道具　かんたん燻製鍋

- ●加熱器具
  家庭用ガスこんろ
  カセットこんろでも代用可能です
- ●チップ　サクラ 10g

下ごしらえ

- ●ゆでたまごを作る
- ●漬け込み 2～3時間

燻煙の方法

- ●熱燻　8分

1. 半熟たまごの作り方

ラーメン屋さんでおなじみの、トロトロ燻製たまごを作ってみましょう。まず半熟たまごを作ります。鍋にひたひたになるまで水を入れ、水からたまごをゆで始めます。白身は約80℃で固まるため、沸騰し始めたら2分ほどで火から下ろしてしまいます。

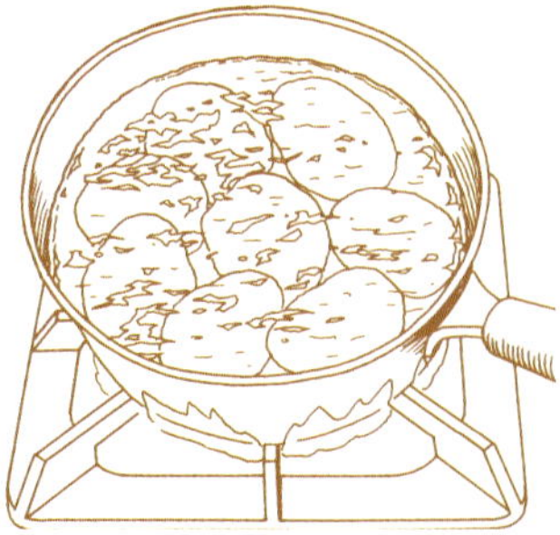

黄身は白身よりも低い温度で固まってしまうので、白身が固まるまでゆでると黄身はかちかちになってしまいます。目安は沸騰してから2分間です。

2. 殻むきと漬け込み

ゆであがったたまごを流水にさらして、すぐにむきはじめます。

火から下ろしたら、流水にさらしてすぐに冷やします。こうすることで殻がむきやすくなります。また、新鮮な生みたてたまごはむきにくいという傾向があります。フワフワした超半熟状態なので、破ってしまわないように注意しましょう。

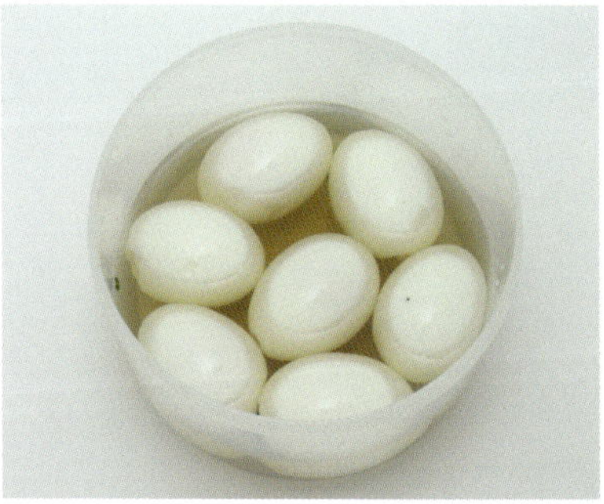

むき終わったたまごを容器に入れ、かんたん調味液をひたひたに注ぎます。

3. 燻煙

ゆでたまごの漬け込みは２～３時間でじゅうぶんです。かんたん調味液に醤油を混ぜれば「くんたま」らしい褐色に色づけすることができますが、そのときにはひと晩は漬け込みましょう。ただし、長時間漬け込むと塩辛くなるので、調味液の濃度を調節しましょう。燻煙はサクラのチップ 10g を使い、着火したらすぐにフタをして８分間弱火で燻します。色がついたらすぐにフタを開けて冷まします。火が強すぎたり燻す時間が長くなると、肝心のトロトロした黄身が固まってしまうので注意しましょう。

燻煙によって鍋内部の温度も上がるので、黄身はさらに固まっていきます。これを見越して、ゆでたまごの固さはかなりゆるめにしておくことが大切です。

さらに深い
味わいになって
いろいろ使える

材料

●辛子明太子　３本

道具

●調理道具　かんたん燻製鍋

●加熱器具
家庭用ガスこんろ
カセットこんろでも代用可能です

●チップ　サクラ 10g

下ごしらえ

●水分をふき取る
●乾燥　30 分

燻煙の方法

●熱燻　６分～ 11 分

明太子くん

1. 乾燥させます

明太子はもともと味が濃いので、素材の持ち味をいかした、燻製フレーバーだけコーティングする、かんたん燻製がぴったりです。下ごしらえは、キッチンペーパーで表面の水気をぬぐって 30 分乾燥させるだけです。

2. 燻煙

かんたん燻製鍋にサクラのチップを約 10g 敷きます。乾燥した明太子を網にのせ、フタを閉じて中火で３分加熱します。３分たったら火を弱火にしてさらに５分加熱します。火を止めて、明太子を取りだし粗熱を取って冷ましていただきます。

火が強いと半生の中に火が通ってたらこ状になってしまいます。ときどきフタを開けて確認しましょう。

そのままでもおいしいですが、
パスタの具にすると最高です。

スモークチーズ

材料

- ●プロセスチーズ　3ピース
- ●カマンベールチーズ　2ピース

道具

- ●調理道具　かんたん燻製鍋

- ●加熱器具　家庭用ガスこんろ　カセットこんろでも代用可能です
- ●チップ　サクラ 10g

下ごしらえ

とくにありません

燻煙の方法

●熱燻　2分～４分

1. 溶けにくいチーズを選びます

６ピース入りのプロセスチーズを３切れ、カマンベールチーズ２切れを冷蔵庫から取りだして、常温にもどします。最近、さまざまなチーズが市販されていますが、スモーク、とくに熱燻ではチーズが熱によって溶けてしまうことがあります。ナチュラルチーズのたぐいは溶けてしまいますので、オススメできません。

いわゆるチーズといえば、プロセスチーズがお馴染みです。燻製向きのチーズのひとつです。

2. 鍋底から少しはなします

サクラのチップ、約 10g を鍋底に敷きます。常温にもどしたチーズを、間隔をあけて網のうえにならべます。高さの異なる網がある場合は、高い方を使います。フタをして中火で２分加熱します。

２分燻したところで、フタを開けていちどチェックしましょう。

3. 仕上がりのタイミング

チーズの色づきを見て、足りないと思ったらさらに中火で２分燻煙します。カマンベールチーズは中身が溶けだしていないかチェックしましょう。チーズは色がつきやすいので合計4分も燻煙すれば、出来あがりです。

カマンベールチーズは中身が溶けないかフタを開けてチェックします。

美しい燻製色がコーティングされたプロセスチーズ。スモークチーズは最もかんたんな燻製のひとつです。

かるく燻して
すこし
ねかせる

材料

●焼きちくわ　3本
●さつまあげ（小判型）
3枚
●かんたん調味液　適量
●ゆずこしょう　適量

道具

●調理道具　かんたん燻製鍋

●加熱器具
家庭用ガスこんろ
カセットこんろでも代用可能です

●チップ　サクラ 10g

下ごしらえ

●水分をふき取り
●かんたん調味液をハケ塗り
●乾燥　1時間

燻煙の方法

●熱燻　13分
●保温　適宜

ちくわ・さつまあげ

1. 味見をします

市販のちくわ、さつまあげは袋から取りだしてキッチンペーパーで水分をふき取って下さい。さつまあげは下味がさまざまなので、味見をしてから調味液をつけるかどうかを判断しましょう。

2. 乾燥させます

さつまあげの味を濃くしたいときは、かんたん調味液をサッとハケで塗ります。片面だけのほうが味に変化がつきますし、塩辛くなりすぎません。塗り終わったら、ちくわ、さつまあげともに1時間程度、網の上などにのせて乾燥させます。

乾燥が進むとさらに味が濃くなるので、味付けはほどほどに。

3. 燻煙

かんたん燻製鍋の底にサクラのチップを約 10g 敷きます。よく乾燥させた、ちくわとさつまあげを網にのせ、フタを閉じます。中火で 3 分の後弱火にして約 10 分加熱します。火を止めて完成ですが、色濃い燻製にしあげる場合はしばらくフタをしたままにしておきます。取りだして、粗熱を取ったらいただきます。

おつまみにするときは、ゆず胡椒を添えるとお酒が進みます。またマヨネーズもよく合います。

かんたんそうで
なかなか
手強い食材

材料

●はんぺん　３切れ
●かんたん調味液　適量

道具

●調理道具　かんたん燻製鍋

●加熱器具
家庭用ガスこんろ
カセットこんろでも代用可能です

●チップ　サクラ 5g

下ごしらえ

●切ってかんたん調味液をハケ塗り
●乾燥　30 分〜１時間

燻煙の方法

●熱燻　８分

はんぺん

1. 切るだけです

市販のはんぺんは袋から出して切るだけです。およそ４等分に切ります。

2. 味付けをします

４等分があつかいやすいですが、８等分してもよいでしょう。

切り分けたはんぺんは片面に軽くかんたん調味液をハケで塗ります。付けすぎるとかなり塩辛くなりますのでサッと塗るだけにしておきましょう。約 30 分から１時間ほど乾燥させます。

調味液は軽く塗るだけに。もしくは塗らなくてもよいですが、その場合は乾燥時間を少し長めにとってください。

3. 燻煙

かんたん燻製鍋の底にサクラのチップを 5g 敷きます。フタをして中火で 3 分、その後弱火で 5 分加熱します。火を止めたらはんぺんをすぐ取りだします。はんぺんはフタをしたままだと、色がつきすぎて、味がすっぱくなってしまいます。粗熱をとって冷ましてからいただきます。

じゅうぶん乾燥させて、燻しは香りづけと考えましょう。燻しすぎると、味がすっぱくなってしまいますので注意して下さい。

外側ぱりっと
内側ジューシーが
基本です

材料

- ●かまぼこ（白） 5切れ
- ●かにかま　 5本
- ●かんたん調味液（かまぼこのみお好みで） 適量

道具

- ●調理道具　かんたん燻製鍋
今回は網、専用の保温容器が付属した市販のセットを使用しました

- ●加熱器具
家庭用ガスこんろ
カセットこんろでも代用可能です
- ●チップ　サクラ5g

下ごしらえ

- ●かんたん調味液をハケ塗り
（かまぼこのみお好みで）
- ●乾燥　10分

燻煙の方法

- ●熱燻　10分
- ●保温　20分
加熱後、フタを閉めておく時間です

かまぼこ・かにかま

1. 切るだけです

市販のかまぼこは色づきを考えて白いタイプがおすすめです。板から切り落として5～10㎜幅に切ります。かにかまは袋から取りだすだけです。

減塩で加工しすぎていないものがおいしく仕上がります。

2. 10分間、乾燥させます

市販のかにかまは味がついているので下味はつけません。

かまぼこ、かにかまも水分をキッチンペーパーで軽く取ったら、10分ほど室温で乾燥させます。またかまぼこは仕上がりの味を濃くしたいときは、かんたん調味液をハケで軽く塗って約10分間乾燥させます。

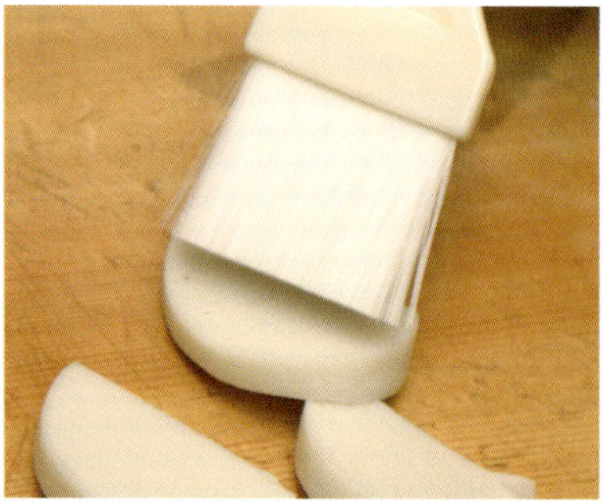

あまり塗りすぎると塩辛くなってしまいます。片面だけを塗っても、おつまみとしてはじゅうぶんです。

3. 燻煙

かんたん燻製鍋の底に、サクラのチップを約5g敷きます。網のうえにかまぼこ 5 切れ、かにかま 5 本を隙間をあけて置きます。火を強火にして煙りがたつまで数分待ちます。煙がたったら、火を弱火にしてフタを閉じます。10 分たったら火を止めフタをしたまま約 20 分間保温します。鍋から取りだして粗熱を取ったら出来あがりです。

裏返さなくてもじゅうぶん色がつきます。火加減はフタを閉じてからは弱火を心がけましょう。

気の利いたつまみが
「いま食べたい」
ならこのレシピです

材料

●たくあん　15㎝

道具

●調理道具　かんたん燻製鍋

●加熱器具
家庭用ガスこんろ
カセットこんろでも代用可能です

●チップ　サクラ5g

下ごしらえ

●水分をふき取る

燻煙の方法

●熱燻　10分
●保温　15分
加熱後、フタを閉めておく時間です。

燻したくあん

1. 水分を取ります

たくあんを燻製鍋のサイズにあわせて15㎝程度に切ります。市販のたくあんは調味液が入ったビニールパックで売られているケースが多いので、切ったあとはキッチンペーパーで余分な水分を取っておきます。そして30分ほど乾燥させます。

市販のたくあんはパサパサで甘辛いタイプより減塩でジューシーなタイプのほうが、作りやすいでしょう。

2. 浅漬け感覚をのこします

軽い乾燥なので中はジューシーです。この状態でかんたん燻製鍋に入れます。チップはサクラを5g、鍋底に敷きます。強火にかけて煙がたつまで数分待ちます。煙がたったら、火を弱火にしてフタを閉じます。

お好みにもよりますが、チップの量を増やすと色づきが濃くなりますが、同時に酸味が増してきます。

3. 燻煙

弱火で燻煙すること約10分。火を止めたら鍋を付属の保温容器（無い場合はフタを閉じたまま）で約15分保温します。出来あがったら、すぐにたくあんを取りだして粗熱を飛ばします。じゅうぶんに冷めたら、そのままおいしくいただけます。

水分が多くのこっていると燻製独特の香りが若干少なくなります。

表面はカサカサ、中はジューシーな燻したくあん。秋田県には「いぶりがっこ」という、たくあんを煙で燻した郷土料理があります。

やみつきに
なる味が
たった 20 分で

材料

●にんにく 2株

道具

●調理道具 かんたん燻製鍋

●加熱器具
家庭用ガスこんろ
カセットこんろでも代用可能です

●チップ サクラ 10g

下ごしらえ

●レンジで蒸す
3 分程度
●乾燥 そのまま 10 分

燻煙の方法

●熱燻 8分

にんにくの燻製

1. レンジで火を通します

にんにくは皮をむかず、頭を 5 ㎜くらいカットします。火が通りやすく、また見栄えもよくなります。ラップをしてレンジで 2 ～ 3 分が目安です。レンジから取りだしたら、水分が出ていますので 10 分ほどそのまま乾燥させます。

2. にんにくにひと工夫します

かんたん燻製鍋の底にサクラのチップ 10g を敷きます。乾燥させた、にんにくを網にのせて、フタを閉じます。中火で 3 分、その後弱火にして 5 分加熱します。

にんにくは網の上におく前に、身を軽くひろげておきます。煙が中まで浸透していい香りがつきやすくなります。

3. 燻煙

5 分加熱して、いちどフタを開けて色づきの具合をチェックします。足りないと思ったら、そのままフタを閉じて 3 分ほど保温します。出来あがったら、皮をむいて、そのままいただきます。

にんにくは皮だけでなく、中身にも色がつきます。

そのままでも、オリーブオイルをたらしても、おいしいです。素材として、パスタ、ピザと相性抜群です。

かるくあっさり
燻製風味を
つけるだけ

材料

●とうもろこし
1/2 × 3 切れ

道具

●調理道具　かんたん燻製鍋
今回は網、専用の保温容器が付属した市販のセットを使用しました

●加熱器具
家庭用ガスこんろ
カセットこんろでも代用可能です

●チップ　サクラ5g

下ごしらえ

●電子レンジ　5～8分

燻煙の方法

●熱燻　5分

とうもろこし

1. レンジで火を通します

とうもろこしは燻すまえにあらかじめ火を通しておく必要があります。ここでは電子レンジで茹とうもろこしを作ります。ラップに包み約５分～８分くらいレンジにかけます。出来たら、熱いうちにラップをはずして、蒸気をとばしてください。

2. 軽く燻すのみです

とうもろこしは３切れくらいで鍋がいっぱいになってしまいます。

かんたん燻製鍋にサクラのチップ約 5g を敷きます。中火で煙がたったら、弱火にしてフタを閉じて５分加熱します。すぐフタを開けて、とうもろこしを取りだし完成です。

熱々がなかなかおいしいです。燻しすぎると、とうもろこしの繊細な味が消えてしまいます。

本来の甘みに
渋味をブレンドして
大人の味に

材料

●さつまいも　1本

道具

●調理道具　かんたん燻製鍋

●加熱器具
家庭用ガスこんろ
カセットこんろでも代用可能です

●チップ　サクラ5g

下ごしらえ

●電子レンジ　そのまま食べられるまで加熱
●乾燥
輪切りにして30分

燻煙の方法

●熱燻　5分
●保温　3分
加熱後、フタを閉めておく時間です。

さつまいも

1. 切り口を乾燥させます

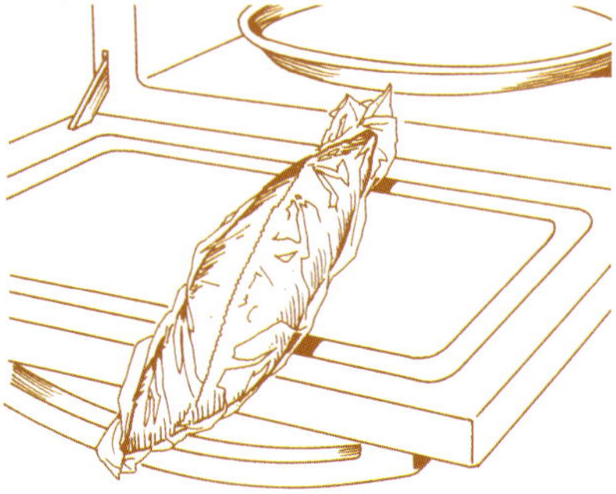

電子レンジでさつまいもの火を通します。目安はそのままでも食べられる状態です。出来あがったらラップをはずし蒸気をとばします。そして2～3㎝の厚さで輪切りにします。約30分、切り口が乾燥するまで待ちます。

2. 弱火にして2分

かんたん燻製鍋の底にサクラのチップ約5gを敷きます。下ごしらえの出来た、さつまいも5～7切れを網のうえにおき、鍋にセットします。フタをして中火で3分弱火で2分加熱します。

チップは底いちめんに敷いても、まんべんなく燃焼しません。コンロの火があたるところが早く燃焼します。お手持ちのコンロとのバランスをチェックしておきましょう。

3. 燻煙

計 5 分加熱したら、火を止めて 3 分ほど、フタをしたまま保温をします。色づきはひかえめのほうが、おいしいのでまめにフタを開けてチェックしましょう。うっすらと色がついたら出来あがりです。

色づきの具合を見るために、
フタを開けて確認します。

そのままでも、冷めてもおいしい一品です。味付けがいっさい無いので、燻製らしさが味わえます。

のべ３時間の
大作？の
お味は濃厚

材料

●豆腐　200g ～適量
きぬごしがおすすめですが、沖縄の島豆腐もおもしろいです
●かんたん調味液
200cc

道具

●調理道具　かんたん燻製鍋
今回は網、専用の保温容器が付属した市販のセットを使用しました

●加熱器具
家庭用ガスこんろ
カセットこんろでも代用可能です
●チップ　サクラ５g

下ごしらえ

●豆腐水抜き　30 分～
またはレンジで
60 ～ 90 秒
●漬け込み　1 時間
●乾燥　　1 時間

燻煙の方法

●熱燻　10 分
●仕上げの乾燥　1 時間

豆腐

1. 水抜きをします

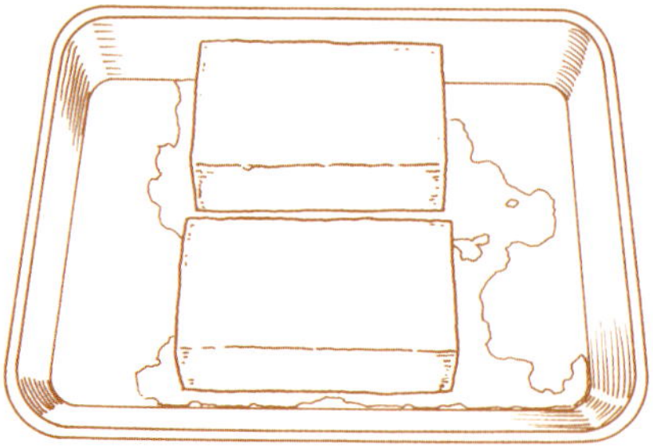

豆腐は包装から出して、30 分以上水切りをします。また、キッチンペーパーに包み電子レンジで 60 ～ 120 秒で水抜きできます。ただし長く加熱すると豆腐にすが入ってしまうことがありますので注意してください。

2. 漬け込み、乾燥します

豆腐は好みの大きさに切っておきます。

水抜きをした豆腐を容器に入れて、かんたん調味液を約 200 cc 注ぎます。約 1 時間ほど漬け込みます。1 時間たったら、豆腐をていねいに取りだし、キッチンペーパーのうえで約 1 時間ほど乾燥させます。

かんたん調味液は、豆腐がひたひたになるくらい注げば OK です。

3. 燻煙 10 分

かんたん燻製鍋の底にサクラのチップ約 5g を敷きます。乾燥させた豆腐を網のうえにおいて鍋にセットします。中火を煙がたつまで保ちます。煙がたったら、火を弱火にしてフタを閉じ約 10 分加熱します。10 分たったらフタを開け、網ごと豆腐を取りだし、そのまま約 1 時間乾燥して完成です。

かんたん燻製では意外に
手間のかかる食材だけに、
完成が待ちどおしい。

表面は塩辛く、中は濃厚でねっとりが理想的ですが、水抜きが不完全だと、想定外の味なんてことも。

単純なのに
複雑な味
がおもしろい

こんにゃく

材料

- ●こんにゃく　5～8切れ
- ●塩　小さじ１杯
- ●かんたん調味液　200cc

道具

- ●調理道具　かんたん燻製鍋

- ●加熱器具　家庭用ガスこんろ
カセットこんろでも代用可能です
- ●チップ　サクラ 10g

下ごしらえ

- ●塩をすり込み
- ●熱湯で湯がく　数分間
- ●切り分ける
- ●調味液に漬け込む　10分
- ●乾燥　30分

燻煙の方法

- ●熱燻　13分

1. 湯がきます

塩を小さじ1杯を全体にすりこんだら、数分間熱湯で湯がいてこんにゃくの臭みを取ります。そのあと1㎝幅のたんざく型に切ります。

2. 漬け込みと塩抜き

こんにゃくは三角形に切ってもいいでしょう。

切ったこんにゃくを保存用パック袋に入れ、かんたん調味液を200cc注ぎます。10分程度漬け込みます。取りだしたらキッチンペーパーで水分をふき取り、30分乾燥させます。少し味見をして塩辛いようだったら水にさらして塩抜きをしましょう。そして、もういちど乾燥させます。

こんにゃくがひたひたになるくらい注ぎます。かんたん調味液の作り方はP.22にあります。

3. 燻煙

かんたん燻製鍋の底にサクラのチップ10gを敷きます。乾燥させたこんにゃくを網のうえにならべて鍋にセットします。フタを閉じて中火で約3分、その後、火を弱火にして10分程度加熱します。火を止めフタを開けこんにゃくをすぐ取りだします。粗熱をとって冷ましたらいただけます。

強く燻すと苦味が増すのでチップは少なめで火加減も弱めのほうがおいしく仕上がります。

冷蔵庫で保存していると熟成が進み味が変化してきます。ヘルシーな炒めものの具にももってこいです。

いつもの
おつまみが 15 分で
大変身

ナッツ

材料

●市販のミックスナッツ　約 50g

道具

●調理道具　かんたん燻製鍋
今回は網、専用の保温容器が付属した市販のセットを使用しました

●小ぶりの金属ザル

●加熱器具
家庭用ガスこんろ
カセットこんろでも代用可能です

●チップ　サクラ5g

下ごしらえ

とくにありません

燻煙の方法

●熱燻　5分
●保温　10分
加熱後、フタを閉めておく時間です。

1. ザルにあけるだけです

ナッツの燻製は超お手軽です。市販のミックスナッツ 50g 程度をザルにあけます。ザルがないとかんたん燻製鍋専用の網目から落ちてしまいますので用意しましょう。ミックスナッツは、アーモンド、クルミ、カシューナッツなどです。

市販のミックスナッツは塩味がかなりついていますので、調味料の必要はありません。

2. 漬け込みと塩抜き

かんたん燻製鍋の底にサクラのチップ約5g を敷きます。ザルに入れたナッツを網のうえにのせます。中火で煙がたったら弱火にしてフタを閉じ約 5 分加熱します。火を止めて、フタを閉じたまま保温容器で 10 分間保温をして、完成です。

カシューナッツはとくにコゲやすいので、火加減は弱めを心がけてください。

column

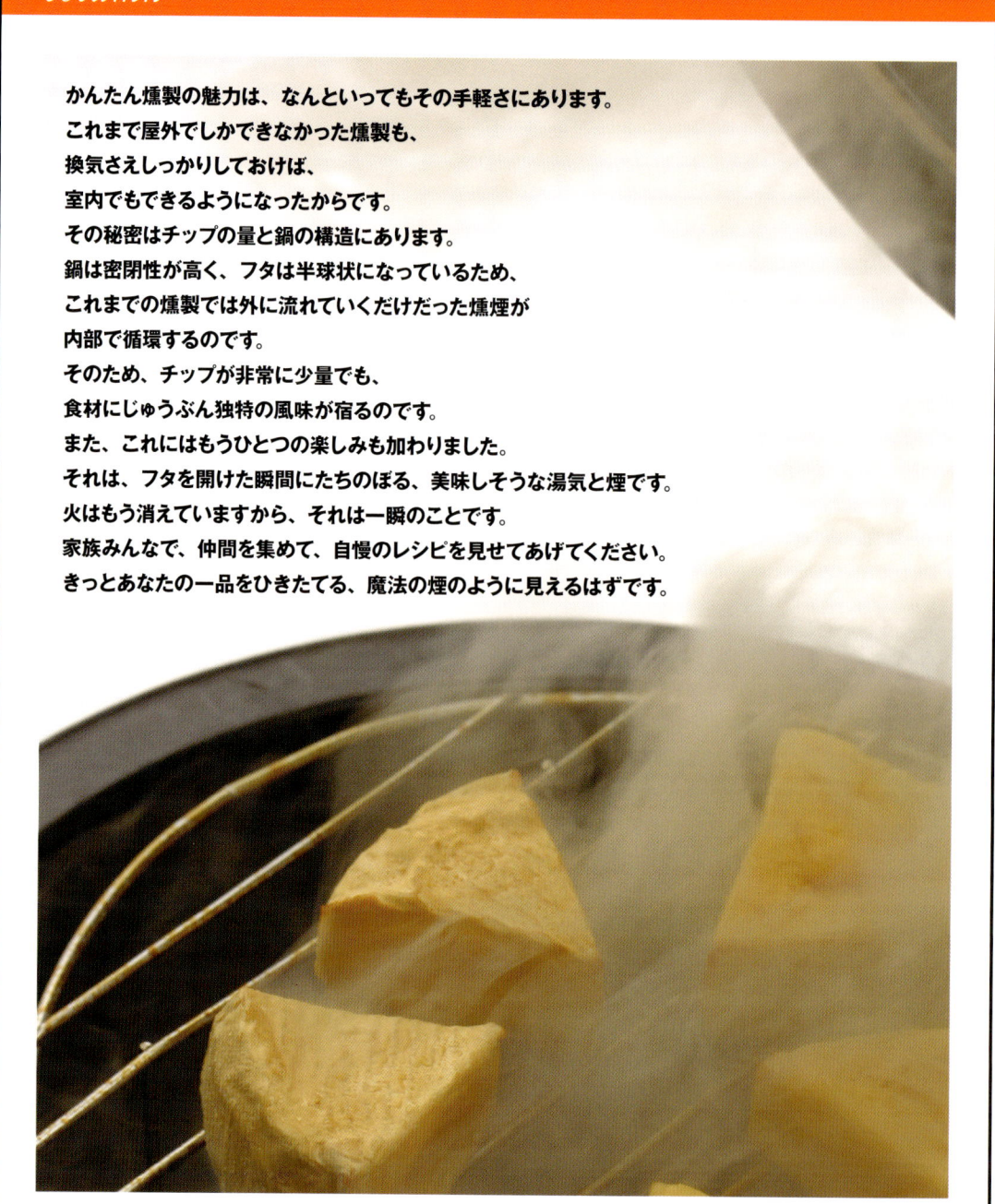

かんたん燻製の魅力は、なんといってもその手軽さにあります。
これまで屋外でしかできなかった燻製も、
換気さえしっかりしておけば、
室内でもできるようになったからです。
その秘密はチップの量と鍋の構造にあります。
鍋は密閉性が高く、フタは半球状になっているため、
これまでの燻製では外に流れていくだけだった燻煙が
内部で循環するのです。
そのため、チップが非常に少量でも、
食材にじゅうぶん独特の風味が宿るのです。
また、これにはもうひとつの楽しみも加わりました。
それは、フタを開けた瞬間にたちのぼる、美味しそうな湯気と煙です。
火はもう消えていますから、それは一瞬のことです。
家族みんなで、仲間を集めて、自慢のレシピを見せてあげてください。
きっとあなたの一品をひきたてる、魔法の煙のように見えるはずです。

オレ流燻製術

ハマればハマるほど奥が深いのが燻製の世界。
あれこれ試行錯誤するのもいいけれど、
ネットを使えば、たくさんの“同好の士”に出会えます。
このページでは、そんな先輩たちの成功例を紹介します。

※レシピ内容はそれぞれのホームページを運営しているユーザーの協力により掲載しました。
内容は掲載のホームページに忠実に再構成してありますが、一部文章などを編集させていただきました。

いちどは
挑戦したい
本格ロースハム

材料

- ●豚ロース　4kg
- ●調味液
  - 塩（3%）
  - 砂糖
  - コショウ
  - ローリエ
  - ナツメグ
  - ブランデー

道具

- ●調理道具　自作燻製箱
- ●加熱器具　サーモスタット付き電熱コンロ
- ●燻材　ウッド

下ごしらえ

- ●下漬け　6時間
- ●本漬け　5～7日
- ●乾燥　ひと晩

燻煙と仕上げ

- ●温燻　3時間
- ●ボイル　4時間
- ●急速冷却
- ●冷蔵庫にて熟成

001

大型スモーカーで作るかたまり肉のロースハム

●「野良JN岩手」さん流ロースハム

ロース肉をキロ単位で買ってきます。
2～3%の塩分濃度で下漬けして数時間、
その後本漬けを数日間行ったら、
これを1時間ほど塩抜きして、
サラシで巻いてこのまま一晩風乾。
翌日燻煙とボイルをします。

1. まず下漬けします

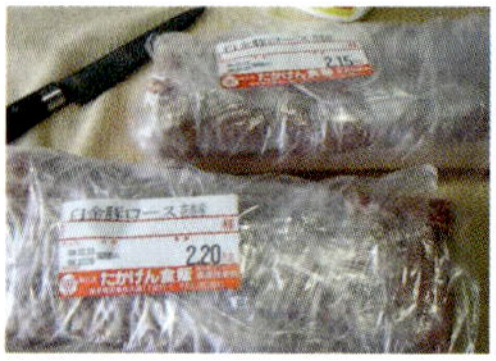

白金豚の2キロブロック。
直接買い付けて4キロで約1万円ほどでした。

下漬け開始です。冷蔵庫で軽く重石を乗せて保管。下漬け時間は6時間ほどです。ロースはバラ肉のように血液が多くないし、また出来上がりをシットリさせたいので余りドリップを抜かないようにしています。

2. 本漬けをします

下漬け後に塩抜きして本漬け開始。塩少な目のブランデーたっぷり。本漬けは塩分3%＋砂糖＋胡椒＋ローリエ＋ナツメグ＋ブランデーのミックスです。5～7日ほど漬け込みます。

3. 乾燥・燻煙・ボイルします

下漬け終了。これを塩抜きして、サラシに巻いてひと晩風乾します。白金豚はどうも塩が入りやすい感じなので、塩を減らしブランデーを多くしました。また本漬け期間を半日ほど短くしてみました。燻煙してボイルして冷やせば完成。

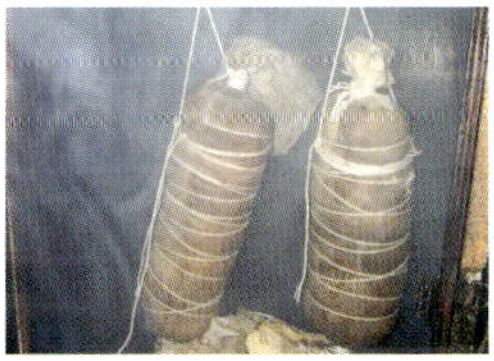

燻煙中。箱温度 50℃近辺にセットして 3 時間ほどです。

75℃以下でボイルします。肉中心の温度が63℃ほどになるようにして３時間ほど。その後流水で 20℃になるまで急速冷却して、冷蔵庫に入れひと晩寝かして完成です。

4. 完成です

冷蔵庫で一晩冷やしてからカットして試食しました。塩加減は丁度よく、香り・味とも文句無しです。白金豚は特にシットリ感が強く、薄切りにして手のひらに載せて暖めると、ジトーって感じで脂がしみ出してきます。このシットリ感のためには、１キロにつき＋ 500 円の値段は惜しくありません。

●漬け込み時間と加工温度

同じ肉の部位でも、種類やコンディションによってハムの味は変化します。最初の塩抜きは肉の余分な血を抜くためですが、あえて少ししっとりさせたいときや、ドリップの少ない肉などのときは漬け込みすぎないよう注意しましょう。

肉は温度によって状態が変化します。特にボイルの温度は高くなりすぎないように、常にチェックしましょう。時間を短縮しようと、あまり高温でボイルすると、肉の組織がはがれてきてしまいますので、せっかくのハムも切ったときにボロボロになってしまいます。基本に忠実に、じっくりと作るのが成功のコツです。

オススメ Blog & HP はココ!!

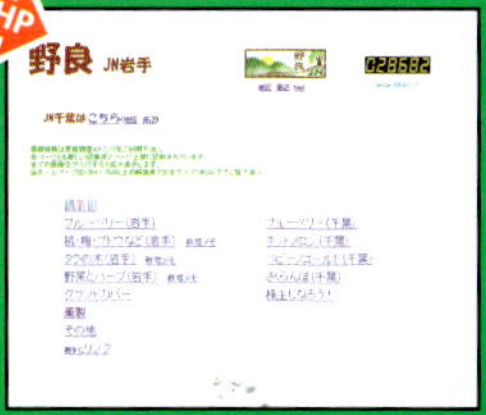

●野良 JN 岩手
野菜や果物を自分で作る、つまり「野良仕事」の実践記録や情報を集めたサイトです。燻製のページではキロ単位の迫力あるハムやベーコンが見られます。
http://nora66.com/nora/index.shtml

002

バラ肉で作った かんたんハム

●「Kaw」さん流ベリーハム

材料に塩やスパイス類を混ぜます。そこにウィスキーを適当に湿る程度に加えます。これを、肉にまんべんなく擦り込みます。 肋骨のヒダの内側にもしっかり擦り込みましょう。香味野菜を敷いたバットに入れ、ひっくり返しながら冷蔵庫で10日～２週間置き、塩抜きに半日～１日、乾燥は半日～１日かけます。スモークは３時間程度で、最後にボイルをして仕上げます。

バラ肉独特の形が残ったベリーハム。時間さえかければ熟成した味が楽しめます。

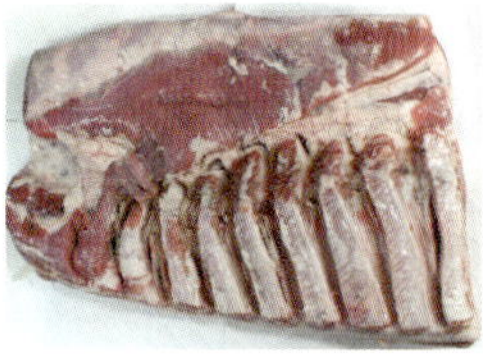

ベリーハムでもベーコンと同様にバラ肉を使いますが、できれば微妙に部位を変えます。 ベーコンは脂身が多い方が適していますが、ベリーハムの場合は脂身が少なめの方が適しています。 部位的には、腹に近い方、言い替えると肋骨が少なくなる方です。

温燻で行ないます。60℃程度で、３時間ほど煙をかけます。 スモークウッドによる煙と別熱源を使います。 別熱源には炭を使います。

スモークが終ったら今度はボイルです。水から温度を上げ、75℃程度で 1.5 時間が目安です。

●材料　豚バラ肉　1 kg ／塩　35 g ／砂糖　少々／黒コショウ　適量／セージ　適量／オールスパイス　適量／クローブ　適量／ナツメグ　適量／シナモン　適量／鷹の爪　適量／ローリエ　適量／タマネギ、ナガネギ、ニンジン、ニンニク、ローズマリー、タイム、チャイブス、ニラ、パセリなどの香味野菜　適量／ウィスキー　適量

オススメ Blog & HP はココ!!

■気楽に燻製作り

（管理人：Kaw さん）

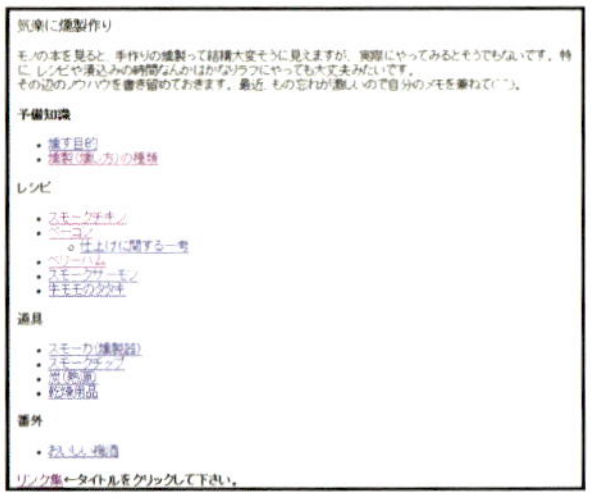

楽しみながら燻製作りをしていると説明されていますが、そのレシピはかなり本格的なものが多く、出来あがりの写真も美味しそうです。

http://smoke.kogari.jp/

003

すぐできる
燻製で火を通すタタキです

●「Kaw」さん流牛のタタキ

タタキはもともと表面にさっと熱を通すだけなので、熱燻法を使います。塩抜きはやりませんので、そのぶんうす塩の味付けにします。大まかな流れは塩漬けに１日、乾燥に１～２時間、燻煙に 30 分程度と、とても簡単に作れます。

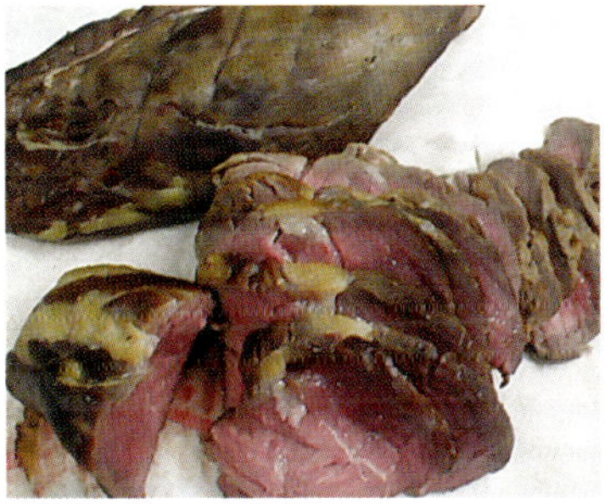

切ってそのまま食べても充分おいしいです。 あるいは、レモンをかけるとか、わさび醤油や、ニンニク醤油でもいけます。 ローストビーフのようにホースラディッシュも合うようです。

●材料　牛モモ肉　300ｇ／塩　5ｇ／ブラックペッパー　少々／その他スパイス類適量／ネギ等の香味野菜　適量

材料の塩やスパイス類を混ぜます。 ウィスキーを少しだけ垂らします。混ぜた塩などを肉によく擦り込みます。 塩漬けといっても、わずか１日（24 時間）です。

漬け終わったら表面を水でさっと流し、クッキングペーパーを巻いて水気を抜きます。 中華鍋の底にアルミホイルを敷き、その上にスモークチップをひとつかみ置きます。 そこに網を乗せ、その上に水分を取った肉を置きます。

フタはさらにアルミホイルをドーム状にしてかぶせます。温度は 80℃で一気に熱します。このくらいの温度だとスモークチップは火を付けなくても盛んに煙を出します。ガスコンロのうえの換気扇は強にしましょう。

スモークする時間は 30 分程度です。使いおわったスモークチップの後始末は、アルミホイルごと取りだして水をかけて確実に消火しておきましょう。 粗熱が取れたら、冷蔵庫に入れて冷やせば完成です。ハムやベーコンなどに比べると、圧倒的に短時間でできます。

※参考文献　「燻製工房」（平凡社）

004

専門店の高級品と変わらない大量仕込みの手作りベーコン

●「野良 JN 岩手」さん流ベーコン

**ロースハム (P.108) と同じく、ベーコンもキロ単位で作ります。
何度か作るうちに、肉の入手先を替えたんですが、
この店の肉は脂身が少なくて塩が強く入ります。
前の店に比べると肉が軟らかいけど、
脂身と肉質部分のバランスが良いみたいです。
燻煙箱の大きさに合わせて、最近は6キロずつ作ってます。**

●材料　豚バラ肉ブロック　6㎏／塩3：コショウ1の割合で混ぜたもの／セロリ、ニンジンなどの香味野菜　適量／ローリエ　適量／ジン（なければ他の洋酒でも可）　適量

1. まず下漬けします

これから一週間も冷蔵することになるので、アルコールの除菌スプレーと、アルコールを含ませたクッキングペーパーを手元に置いといて、こまめに手指やまな板などを消毒します。

良い肉を選び、整形しながら塩をふっていきます。

ひと晩の下漬けでこんなにドリップが出ます。これだけの量のドリップを抜いたのと抜かないのじゃ仕上がりは全然違います。ぬるま湯で塩を落としてから冷水で軽く塩抜きします。

2. 本漬けをします

肉にジンをスプレーし、塩とコショウの混合物を擦り込んで冷凍パックに入れます。スプレーするのはジンじゃなくてもウイスキーでもブランデーでもOK。

セロリ、ニンジンなどの野菜とローリエの葉を詰める。袋に少しジンを追加。空気を抜くように押しながらチャックを閉めます。バットに並べるとき、冷凍バックの口が上を向いてないと野菜の汁が漏れやすく、漏れると冷蔵庫が臭くなります。

３ブロックずつ二段に重ねて重石を乗せて冷蔵庫へ。５日間、毎日上下のバットを入れ替えます。肉も上下をひっくり返すけど、バックの口は常に上に向くように。汁がこぼれると冷蔵庫がセロリ臭くて大変なのだ。

ぬるま湯で塩と野菜を洗い落としてから冷水で塩抜き。水温８℃、肉温６℃。今回は丁度１時間塩抜きしました。塩抜きには大型の寸胴鍋を使ってください。小さい鍋だと、塩の抜け方にバラツキが出てしまいます。

3. 乾燥・燻煙・ボイルします

塩抜きが終わったら形を整え、はじめに肉側を乾燥させます（扇風機で１時間）。肉側が乾いたら網で挟んでひっくり返して脂身側を乾燥。ある程度乾いてから挟まないと肉がへこんでしまいます。

気温８℃、肉温６℃。ヒーター７５℃にセットして燻煙開始。3時間後に箱温度７５℃、肉温度６２℃。ここでヒーターを OFF にします。燻煙は続行させます。

4. 完成です

燻煙が終わって冷蔵庫で一晩冷やして完成です。小さいかたまりに切り分けて真空パック詰めすると便利です。半月ほど冷蔵庫で熟成させるとたまらなくウマくなります。

005

時間をかけたぶんだけ美味しくなる熟成生ハム

●「ペンションスクルージ」さん流生ハム

生ハム作りは１ヶ月くらいかかりますが、冷蔵庫で熟成させる時間が長いだけで、実際の作業時間はそう長くないのです。高級感があって味わい深い生ハムは、お客様をもてなすにはもってこいの一品です。

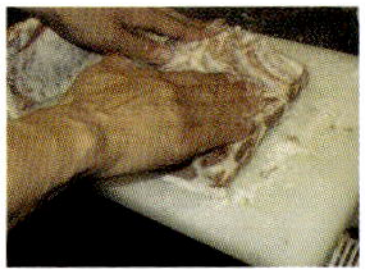

下処理、塩漬け（２週間）、塩抜き（１時間半）、冷蔵（10 時間）、風乾 / 燻煙（２週間）で出来あがります。燻煙は外気温摂氏 10 度以下で１日風乾させ、その後、摂氏 15 度以下で２時間くらい薫煙にかけます。スモークウッドを半分に切って使えばちょうどいい量です。この風乾と薫煙の作業を２週間くらい続けるますが、温度管理は厳密にすることが大切です。４日～５日たつと表面が乾燥して燻製色になってきます。そうなったらウイスキーを刷毛などで表面にぬります。こうしておくと滅菌効果があるし、風味がましてきます。

●材料　豚ロース肉（又はもも肉）　1kg ／塩　50g ／三温糖　15g ／黒コショウ（粗挽き）　適量／白コショウ（粗挽き）　適量／ローズマリー　適量／ローリエ　５枚

■ペンション スクルージ

オススメ Blog & HP はココ!!

こだわりの燻製づくりが評判のペンション、スクルージのホームページで公開されているレシピです。味は保証済み。宿のご利用はお問い合わせください。

http://www.ne.jp/asahi/pension/scrooge/

006

失敗しても美味しいからどんどんチャレンジしよう

●「ペンションスクルージ」さん流スモークサーモン

スモークサーモンは、多くの方々の失敗談を聞きますが、私もそうだったように、ほとんどの人が温度管理が十分にできていないようです。これさえきっちりやれば簡単にできるということではないでしょうか。たとえ失敗してもサケ茶漬けにすればいいし。絶品のサケ茶漬けが味わえるわけですから、何度失敗しても気にしない気にしない。

下処理、塩漬け（24 時間）、塩抜き（１時間半）、風乾（10 時間）、燻煙（６時間）を経て出来あがりです。燻煙を終えたら２時間程度外気にさらしましょう。すぐにラップに包むと嫌な煙りっぽさや酸っぱさ、苦みが残ってしまいます。

●材料　サケ　１尾／水　１リットル／塩　200g ／三温糖　20g ／黒コショウ　小さじ１／白コショウ　小さじ１／セージ　小さじ１／ローリエ　５枚

スモークウッド１本半を使って燻煙します。最初は可能な限りの低温でおこなう。スモークサーモンの失敗は、ほとんどの場合、この燻煙温度の調節にある。必ず摂氏 25 度以下を心がけよう。

007

大きい方のソーセージはゆっくり30分ボイル

●「まさりん」さん流レバーソーセージ

ソーセージのタネには野菜を刻んで入れても美味しいです。ソーセージ皮に注入したら70℃でボイルし、ブナのチップで1時間半ほど燻煙します。

牛レバーは水の中につけてよく揉むようにして血抜きを行い、塩を大さじ3杯ほど擦り込んで2時間ほど置いておきます。その後、出てきた水分を捨て、表面を水で洗ってから、牛乳につけて半日おいておきます。その後で、70℃ほどのお湯で10分程度ボイルしてから挽肉にして、豚挽肉と混ぜ合わせます。

●材料　豚バラ肉ブロック　400g／豚もも肉ブロック　300g／牛レバー　350g／羊腸　1～2本／人工ケーシング（直径6cmほど）／塩　大さじ2杯／砂糖　大さじ1杯／バジル／コショウ／ガーリック／ローズマリー、オールスパイス、各少々。

オススメ Blog & HP はココ!!

■まさりんのキャンプで楽しむスモーク
（管理人：閑人さん）

アウトドアでさまざまな燻製にチャレンジしている「まさりん」さんのレシピを公開しているホームページ。自宅でも楽しめるかんたんレシピも数多く掲載しています。
http://www.tcp-ip.or.jp/~camp/smoke/smoke.htm

008

水から温度を上げて70℃で1時間ボイル

●「まさりん」さん流ワイン漬けロースハム

スモークはBBQ用の鉄串に肉のブロックを刺してスモーカーの中にぶら下げて燻製します。50～60℃で1時間半くらい。ホワイトオークのチップを敷き、火のついたブナのスモークウッドを置きます。スモークした後はそのまま、冷まします。

下ごしらえは塩やスパイス類を肉の表面に擦り込み、ビニール袋に入れて5～6日、冷蔵庫で寝かせます。1日1回上下をひっくり返します。肉から出た水を捨て、代わりに赤ワインを注いでさらに1週間。取り出したら1時間塩抜きをしてひと晩乾燥させます。

●材料　豚ロースブロック　700g／塩　適量／ローズマリー／コショウ／ガーリック／オールスパイス／ワイン　適量

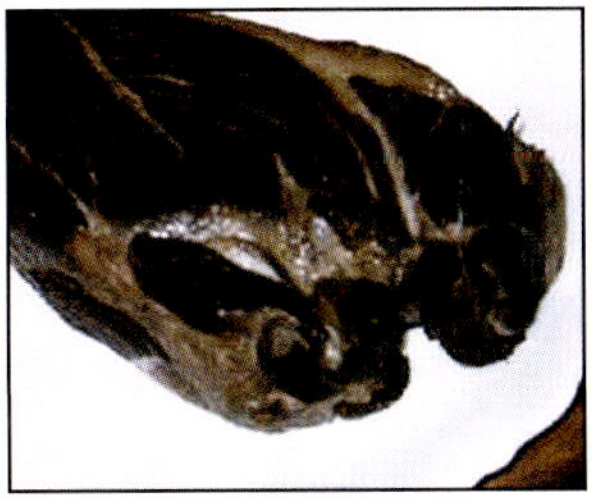

ワインに漬け込んで取り出したところ。表面に赤ワインがしみこんだような色になっています。牛肉ならこのままでも美味しく調理できますが、豚肉の場合はワインの香りが強すぎます。水ですすぐと程良い味になります。

009

干物を作って手軽に燻します

●「まさりん」さん流釣魚の燻製

海釣りを目的にしたキャンプなどで楽しめます。その日のうちに食べようというのなら、夏場の午前中に釣った魚を午後から夕方まで乾燥させて、夕方から夜に掛けて軽く煙を掛けて焼いて食べることができます。

海釣りに出かけて、その日釣れた魚を燻製にしましょう。うろこを取ってワタを出し、開きにしたら多めの塩を振って30分置いて塩をよく洗い流します。ミリンと酒と醤油に漬込んでおいてもよいと思います。これを乾燥用の網に入れて一晩乾燥させ、燻煙します。特に釣ったばかりの新鮮な魚なので、身がよく締っています。ちょっと小さくて焼いたり煮たりするのにどうしようかと言う時には、いいアイデアと思います。

●材料　アイナメ、海タナゴ、メバル、ハゼ、タケノコメバルなど

小物が多く釣れたときに、ひと晩ミリンと酒と醤油に漬込んで半日干してみました。これを軽く燻します。

010

手軽に作れるおつまみ砂肝

●「まさりん」さん流砂肝の燻製

70℃くらいでボイルして、乾燥させ過ぎないように注意してから、温燻でスモークするともう少しよい味に仕上がりそうです。スライスした砂肝はお酒のツマミによく合います。

全体に軽く塩をして、コショーを振りかけ、ビニール袋に入れて4～5時間冷蔵庫に入れておきます。そうすると水分が出てくるので、水分を捨てて砂肝をよく洗い、ビニール袋に入れてビールを注いで一晩おきます。半日ほど干して、中華鍋でスモークします。中華鍋を思い切り熱くして、そこにクルミのチップを入れます。煙が出てきたら火を小さくしてうえに網を乗せてそこに砂肝を乗せます。5分ほどでフタを取って砂肝をひっくり返して、5分くらいで完成です。

●材料　砂肝／塩　少々／コショウ　少々／ビール　適量

スーパーで売っている砂肝をそのまま使いました。漬け込みはビールでもワインでも、みりんと醤油でも合いそうです。

011

オリーブオイルで美味しそうに仕上げます

●「オトナの野外遊び」さん流牛タン

下ごしらえの血抜きと赤ワインで上品な風味に仕上がった牛タンです。ボイル後乾燥させずに燻煙することがポイントです。

丸ごとの牛タンは、余計な部分を切り落として整形します。一晩冷蔵庫で、袋の中に塩でまぶして入れて血抜きをしてから、よく洗います。ハムやベーコン用のピックル液を5倍に薄め、赤ワインを適量入れます。弱火で1時間30分ボイルして、風乾させずに、燻製箱で30分煙をかけます。温度は60～70℃。風に当てて乾燥したら完成です。燻煙する前にオリーブオイルを塗ると仕上がりの照りと風味が増します。

●材料　牛タン　1本／ピックル液（水1L、粗塩115g、パセリ2～3束、セロリ3～4本、ゴボウ、ネギ、タマネギ、ニンジンなどの野菜、ローズマリー5～6枝、ブラックペッパー10～15粒、ベイリーフ2枚、メース少量、オールスパイス少量、クローブ少量を入れて、沸騰後、10分弱中火で煮たもの）／塩　適量／赤ワイン　適量

■ ROCKIN' & TRAVELIN'

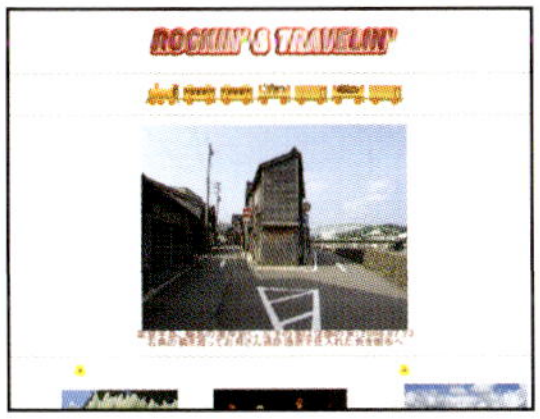

音楽に山歩き、そしてアウトドアクッキングを趣味とする管理人さんのサイトです。ベーコン、ロースハム、ラムブロックなどの大作を次々に野外で完成させています。
http://members.jcom.home.ne.jp/ma-akita/index.htm

※このレシピは鈴木雅己さんによる各文献を参考にしました。

012

新鮮なサンマほど美味しく仕上がります

●「燻製の部屋」さん流サンマの燻製

リンゴ、サクラ、ナラ、ホウのチップをブレンドして55～65℃で1時間15分ほど燻煙、ホウのチップを一つかみ追加します。この後温度を70度程度まで上げ、30分ほど置いて完成です。

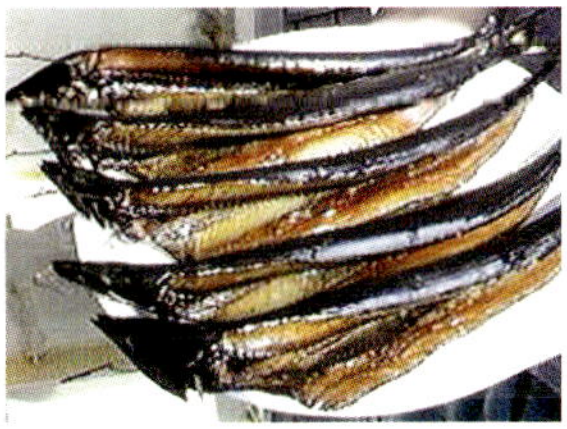

さんまを背開きにして、身の部分に下記のスパイスをしっかりすり込んで、タッパーの中に重ねていれます。タッパーの下にはすのこを敷いてさんまから出る汁がたまるようにしています。途中入れ換えながら冷蔵庫で6時間漬け込み、5分間ほど流水で洗い、水分をキッチンペーパーなどでしっかりふき取ってから風乾します。

●材料　さんま　12尾／塩　大さじ6／三温糖　大さじ6／フェンネル　茶さじ1／一味唐辛子　大さじ1／山椒　大さじ1

■燻製の部屋

インターネットが普及した10年前から燻製作りの情報を公開しているご夫婦のホームページです。ネット上の燻製ファンの間では知らない人がいないほどのベテランです。最近はブログも公開しています。
http://www.jjt.jp/index.html

013

まるごと食べられる サワラのみりん燻製

●「まさりん」さん流サワラの燻製

塩抜きはせずに、そのまま乾燥させて燻煙します。みりんがしっかりと染み込んで美味しいです。そのまま、お刺身っぽく切って食べても、焼いて食べても美味しいです。サワラ独特の癖もまったくありません。

段ボール製のスモーカーにBBQ用の串でサワラの切り身をぶら下げて2時間くらい、温度は50～60℃。金属製のお皿にホワイトオークのチップを敷いてそのうえにスモークウッドのブナ、スモークウッドのうえにはまたホワイトオークのチップを置いてウッドに火をつけます。ウッドの長さは約10 cm。その後は冷蔵庫で半日ほど置いて煙を落ち着かせます。

●材料　サワラ　4切（1尾分）／塩　少々／醤油　50ml／酒　100ml／みりん　50ml

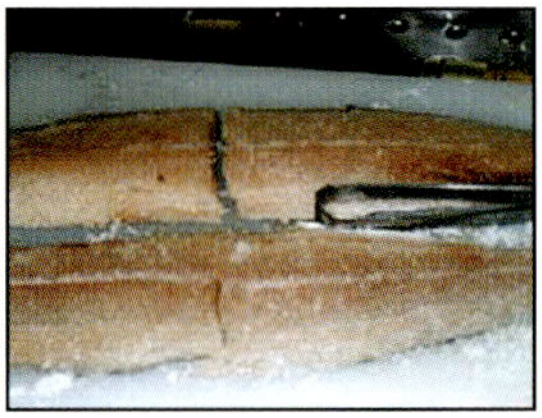

全体に塩を振ったあとで小骨を毛抜きで抜いていきます。こうすることで、小さな子どもでも丸ごと食べることができるのでやっておきましょう。

014

塩抜き不要のカンタン 激ウマあんきも

●「まさりん」さん流あんきもの燻製

金属製のお皿にホワイトオークのチップをたっぷりと乗せて、弱火で30分くらい。その後で、ナラのスモークウッド7 cmを追加してヒッコリーのチップを足しました。合計すると1時間半くらいスモークしました。

目分量で味付けして、塩抜きナシで30分ほどシートで包んでから燻煙します。これだけでびっくりするほどあんきもが美味しくなります。そのままでもいけますが、これをあんこう鍋に入れるとさらに美味しくなります。

●材料　あんきも（鍋用）／クレイジーソルト／醤油／日本酒／めんつゆ　それぞれ適量

漬け込みのタレは目分量でじゅうぶんです。辛めが好みなら醤油を多めに、全体が浸かるようにして2時間ほど置きます

015

冷凍モノのロブスターが高級店の味に変身!?

●「まさりん」さん流ロブスターの燻製

中華鍋スモーカーに放り込むだけの超簡単スモークです。チップの種類は何でもよいですが、お好みに合わせてブレンドしてもいいでしょう。

殻のわりに実が小さいのは仕方ないところです。もちろん、ロブスターの頭の部分を使ってダシを取り、お味噌汁を作りましたが、まるで海の近くの民宿で出るイセエビの味噌汁のようでした。

●材料　ロブスター　2尾／醤油　50ml／砂糖　大さじ3杯／酒　180ml／みりん　90ml

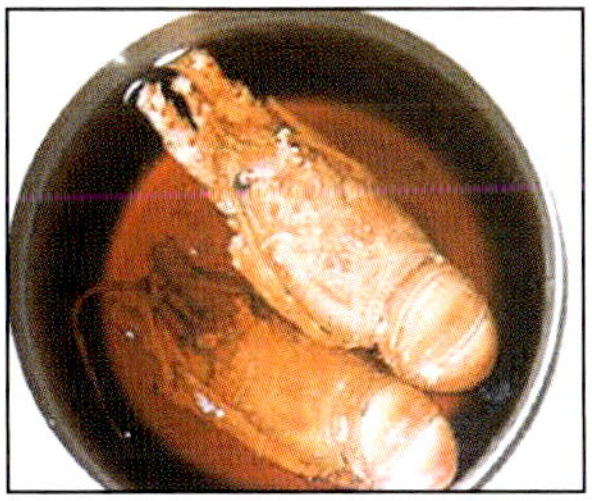

ロブスターを解凍して、そのまま上記の材料を溶かし込んだソミュール液に漬け込みます。塩抜きなしの手軽なレシピなので、塩味も薄目です。そのまま5～6時間程度置き、ペーパータオルで水分を拭き取るだけで、特に乾燥はさせません。

016

みんなが驚くお手軽カニくん

●「まさりん」さん流カニの燻製

水分をよく切ってスモークします。中華鍋にチップを入れて強火で加熱。煙が出てきたら、中網を入れてカニを乗せ、5～10分程度。色がついたらできあがりです。

下ごしらえは粗塩を振るだけ。冷凍モノはじっくり解けるのを待ってから。ぱさぱさになると美味しくなくなるので乾燥はほどほどに。熱燻のせいもあるかもしれませんが「おぉ、スモーク」という味ではなくて「うん、スモークだな」という感じの味です。漬け込んでいないから当然かもしれません。ただ、カニの殻を煮てダシを採り、これでカニ雑炊や味噌汁を作るとこれはもう絶品です。

●材料　冷凍カニ　適量／粗塩　適量

これは、ちょっと豪華に見えてしかも簡単で時間もかかりませんからパーティーに最適なメニューだと思います。生のカニであれば、茹でるか、蒸してからスモークすればよいと思います。

SMOKE GOODS CATALOG

燻製グッズカタログ

アウトドアから家庭まで、かんたんに燻製が楽しめるようになりました。使う場所によって何種類か揃えて、より多彩なメニューを作りましょう。

スモーカー

自家製燻製の第一歩がスモーカーです。家庭で楽しむ場合は、昔は蒸し器や寸胴、中華鍋などを使っていた例もありますが、今は専用の器具がたくさん発売されています。家庭内で燻製を楽しむ場合、いちばんの悩みの種だった煙も、ほとんど出ないように設計されたものまであります。これで燻煙のためにわざわざベランダに出たり、ご近所に気をつかう必要もなくなりました。身近な食材からプロの本格メニューまで、さまざまな燻製を思う存分楽しみましょう。

保温燻製器イージースモーカー

サイズ:28.5 × 22.5 × 14cm/ 重さ:約2kg(付属品含む) 扱いやすいデザインとサイズ、真空断熱された魔法瓶構造の保温容器+超耐熱セラミック鍋という優れたシステムが高い評価を得ている。

サーモス

直火用燻製鍋

耐熱衝撃温度差が 700℃というニューセラミックを採用した燻製鍋。2 段式の金網が付属しているので、大きな食材も余裕で調理できる。サイズ:25.5 × 15cm

キッチン香房 ST-125

ステンレス製で手入れも簡単なキッチン/野外兼用燻製鍋。サイズ:21 × 16cm

新富士バーナー

コンパクトスモーカー CS-092

アウトドアに適したコンパクト設計。それでいてイワナ 8 匹が一度に燻製できる。サイズ:31.5 × 22 × 16.5cm。

スノーピーク

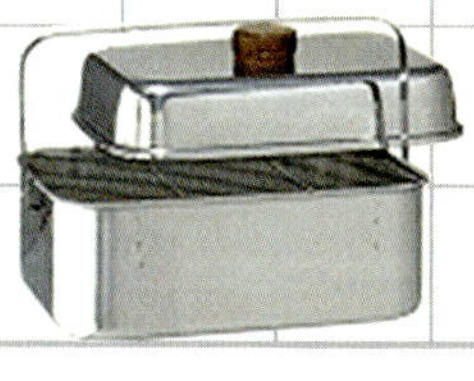

参考商品以外は P126 のメーカーサイトガイドにて商品の詳細をご確認ください。掲載内容と仕様が異なる場合があります。

キャプテンスタッグ トライズ　ステンレススモーカーセット

キャンプ場でおなじみの煙突型スモーカー。サイズ：外径250×400㎜

パール金属

ミニスクエアムーバブルグリル

フタを閉めればスモーカーとしても使用できるキャスター付きのバーベキューグリル。ホームパーティーにピッタリ。サイズ：約75×45×73.5cm（使用時）

コールマン

ラウンドスモーカーグリル

アウトドアグッズメーカーの老舗、コールマン製。温度計や2段階の高さ調整機能がついた逸品。スチール製でサビや汚れに強いホーロー加工が施され、使用後の掃除も楽だ。サイズ：約Φ47×85cm/ 重さ：約7kg

コールマン

ツインパネルスモーカー DUO

二重構造ボディが高い保温性を実現するツインパネルスモーカー。チップの交換が容易な2枚扉構造や上下の扉にスライド式排気口を設置し、燻煙の微妙な調整を可能とするなど、扱いやすさを十分に考慮するデザインだ。サイズ:930×380×290mm/ 重さ：約20kg。

アールテック

おかもち香房 ST-123

おかもち型のユニークなデザインが目を引くが、スモーカーとしての使いやすさを追求した結果だ。アルミ製で軽量だから持ち運びも楽。アウトドアでの使用はもちろん、家庭でも場所さえあれば気軽に燻製を作ることができる。サイズ：275×230×520mm/ 重さ:2.5kg

新富士バーナー

FS-600 フォールディングスモーカー

あらゆるシチュエーションに対応し、さまざまな燻製作りを可能とする本格的なスモーカーでありながらコンパクトに収納でき、持ち運びも楽。専用の温度計をセットして温度管理もバッチリできる。オールステンレス製だ。サイズ:26×26×60cm/ 重さ:8.5kg/

ユニフレーム

おつまみ香房　ST-115

サイズ：230 × 230 × 350 mm。付属品は「燻家」と同様。

新富士バーナー

スモークキット
1本入り金網付き

折り畳み式の段ボールスモーカー。スモークウッド、アルミ皿、皿ホルダー、木棒、Sフック、金網、燻製の作り方入門書が入ったセット。

サイズ：27 × 27 × 68 ㎝

アウベルクラフト

燻家　スモークハウス ST-114

段ボールを利用したシンプルなスモーカー。低価格も魅力的。ミニスモークウッド、アルミ皿、金棒、金網、フックなども付属。サイズ：230 × 230 × 520mm（組立時）

新富士バーナー

手作り生ハムキット

段ボール型スモーカーで冷燻を可能にした連結式スモークボックス。ボックス2本と、連結用アルミダクト、アルミ皿、木棒、Sフック、スモークウッド（クルミ）、風乾ネット、金網、タコ糸、竹串、セロファン紙5枚、スパイスまでがセットになっている。あとは肉を買うだけ！

アウベルクラフト

ダッチオーブン（12 インチ）

万能のアウトドア調理器具、ダッチオーブンは燻製作りも得意。密閉性の高さと熱持ちのよさが食材をふっくら、香り高く仕上げてくれる。

サイズ：約φ 31 × 21 ㎝　重さ：約 11.5 ㎏

コールマン

G- ステンレスダッチオーブン

ステンレス製なので錆びない、手入れが簡単なダッチオーブン。もちろん燻製づくりもカンタン。サイズ：350 × 280 × 160 ㎜　重さ：約 5.2 ㎏。

新富士バーナー

スモークウッド

クルミ、サクラ、リンゴ、ブナ、ナラ、ヒッコリー、6種類入りスモークウッド。

アウベルクラフト

スモークチップ

サクラ、ヒッコリー、リンゴ、クルミ、ナラ、ブナ、ホワイトオークの7種類。

太陽工業

温燻の素　こだわり派

新富士バーナーの「いぶし処」の燻材は、ウッド、チップ、スモークスティックなど、さまざまな種類が用意されている。それぞれ老舗さくら、熟成りんご、純粋くるみ、新鮮ヒッコリー、厳撰なら、旨味ブレンド、黒樽ウイスキーオークの7つのフレーバーがあるので、風味付けも自由自在。

新富士バーナー

燻材

燻煙に使用するのは、用途に応じてチップタイプ、ウッドタイプかに分かれます。それぞれさまざまな種類の木材が用意されており、中には独特の芳香が楽しめるウイスキー樽を使用したものもあります。

缶入りスモークウッド

使い残したチップも新鮮なままで保管できる専用缶付き。老舗さくら、新鮮ヒッコリー、旨味ブレンドの3種類で各1kg入りの徳用サイズ。

新富士バーナー

パワーハウスツーバーナー
ホワイトガソリン仕様の定番品。
サイズ:46×67×44.8cm
重さ:5.8kg。
コールマン

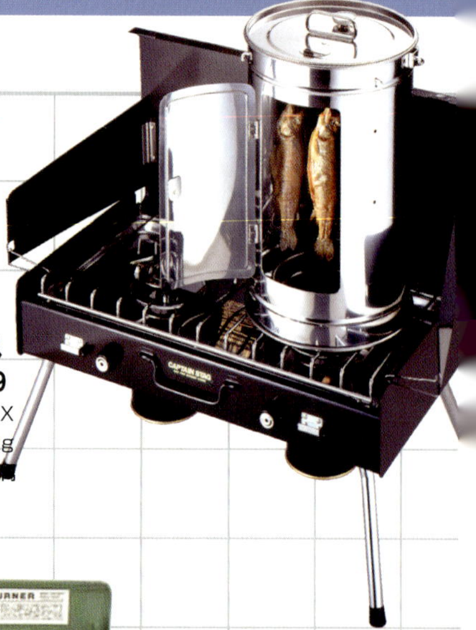

キャプテンスタッグ
ステイジャー　コンパクトガス
ツーバーナーコンロ M-8249
サイズ：幅 640 X 奥行 330 X
高さ 490mm　重さ：約 4.6kg
パール金属

バーナー

野外で燻製を楽しみたいときは、スモーカーと一緒に熱源も持って行く必要があります。キャンプ用の携帯型は各社から発売されています。ホワイトガソリンやガスタイプ、シングルやツーバーナー、3 バーナータイプまで各種あるので、自分の使い方に合ったものを選ぶようにしましょう。

パワーハウス LP ツーバーナー
サイズ:63×33.5×
53cm/ 重さ：4.1kg
コールマン

SOTO 3 バーナー　ST-531
サイズ：幅 550×奥行 340×高さ
550 mm　重さ：5.4 ㎏。
参考商品

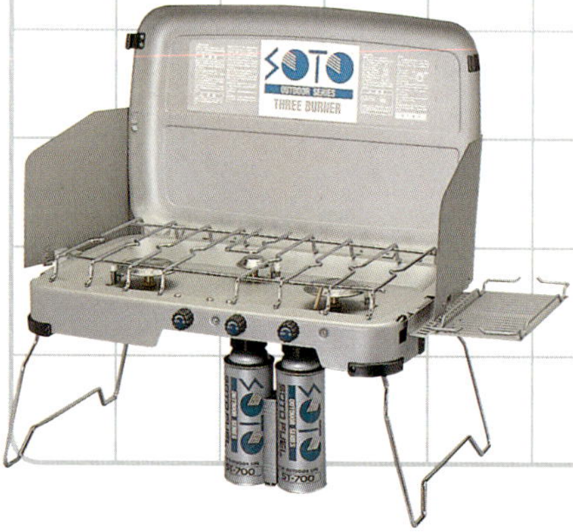

ツインバーナー US -1800
サイズ：550×320×290mm
重さ：4.5 ㎏
ユニフレーム

その他

燻製作りを完成させるのには、根気も必要です。じっくりとできあがるのを待つ間に、温度管理や火加減もしっかりとチェックしましょう。熱燻の場合は、スモーカー自体も熱くなっていることを忘れずに！

電熱器

温度調節が容易なので、プロも愛用する電熱器。同社のスモーカーDUOにピッタリ。

アールテック

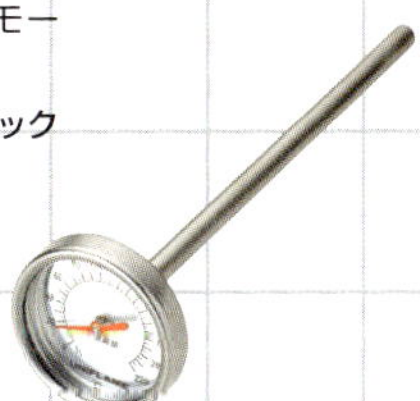

スモーカー温度計

0～220℃まで測れる燻製作りには最適の温度計。スモーカーの隙間に差して使用する。

ユニフレーム

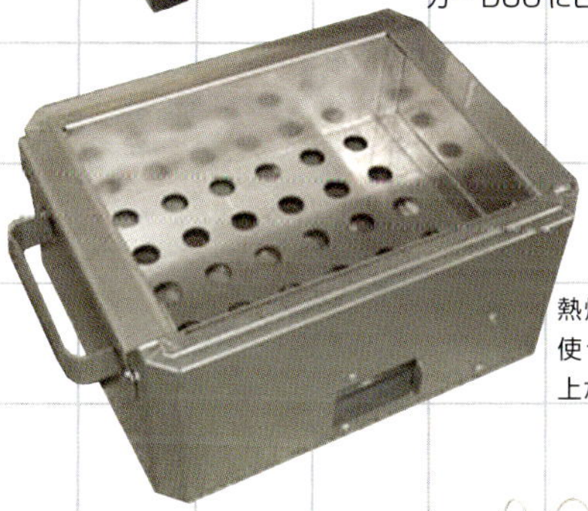

炭台

熱燻のときには、炭を使うとカラッとした仕上がりが楽しめる。

アールテック

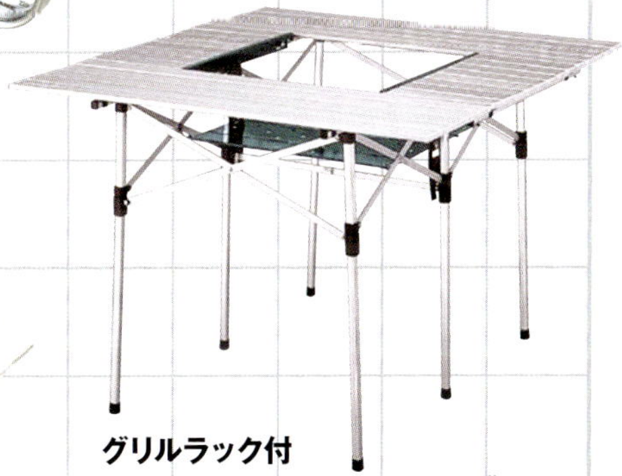

サーモスタット

設定した温度になると電熱器のスイッチを自動的に調節してくれるので、温度管理がシビアな本格的な燻製を作るときに便利。

アールテック

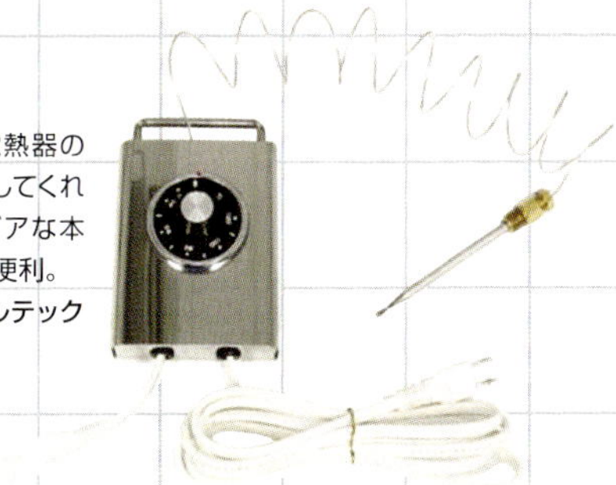

グリルラック付 ツーウェイアルミロールテーブル スクエア

天板中央に収納スペースがあるので、グリルもスッキリ置ける。

参考商品

クッキングステーション

野外での燻製作りに便利な組み立て式キッチンシステム。

コールマン

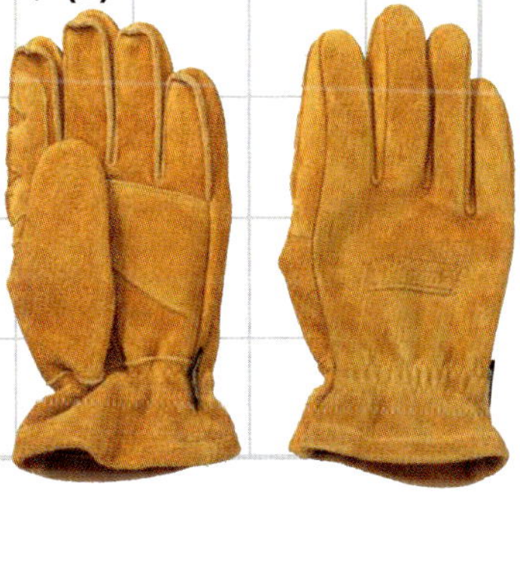

ソリッドレザーグローブ (L)

高温になったスモーカーから食材を取り出すときに便利。Mサイズもある。

コールマン

INTERNET SITE GUIDE

メーカーサイトガイド

話題のお手軽新製品からお得なセールの情報まで、燻製グッズの情報はインターネットから手に入れよう。メーカーによってはオリジナルレシピも掲載しているので、自分だけの新メニューを作りたいときにも参考になるはず。

●コールマンジャパン

アウトドアグッズのトップブランド、コールマンのサイト。最新製品の情報はもちろん、使いこなしのノウハウまで詳しく紹介されている。

http://www.coleman.co.jp/

●新富士バーナー

「SOTO」ブランドを展開している新富士バーナー。燻製には特に力を入れており、「いぶし処」シリーズは初心者にも扱いやすい設計となっている。

http://www.shinfuji.co.jp/

●サーモス

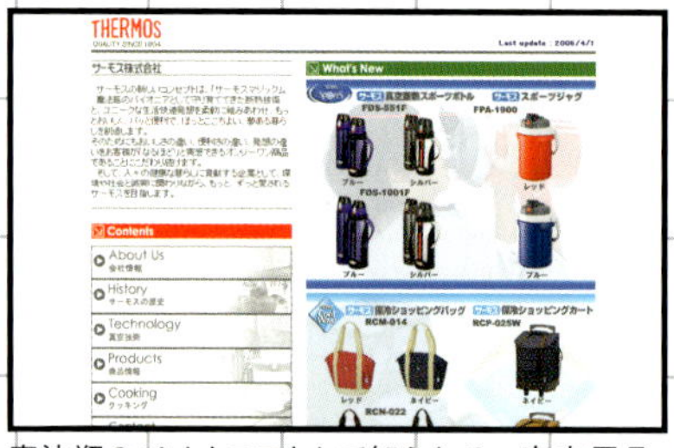

魔法瓶のパイオニアとして知られる。家庭用品、アウトドアブランドの両方で有名で、保温機能付きの燻製鍋を開発したのもこのメーカー。

http://www.thermos.jp/

●パール金属

アウトドアをぐっと身近にした「キャプテンスタッグ」ブランドを展開しているパール金属。燻製用品も豊富にラインナップしている。

http://www.p-life.co.jp/pearl/

※掲載内容は2006年10月現在のものです。ページ内容は変更される場合があります。

●ユニフレーム

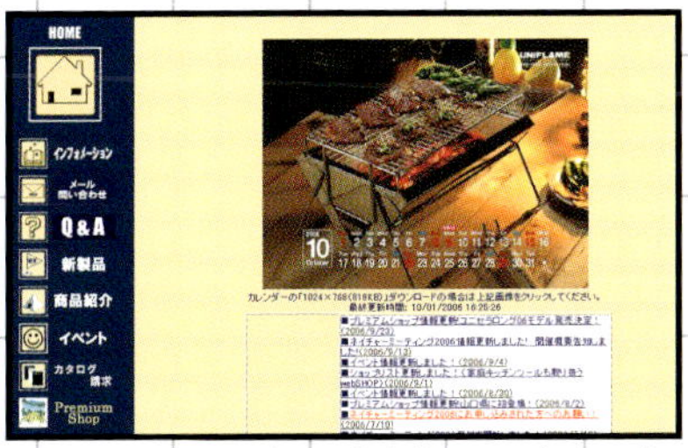

アウトドアメーカーとしても古参のメーカー。バーナー類の品揃えが豊富で、自社のバーナーにピッタリ合うスモーカーも開発されている。
http://www.uniflame.co.jp/

●スノーピーク

本格派のアウトドアブランドで有名なスノーピーク。携帯性の高い燻製器具は釣り師やキャンパーから高い支持を得ている。
http://www.snowpeak.co.jp/

●太陽工業

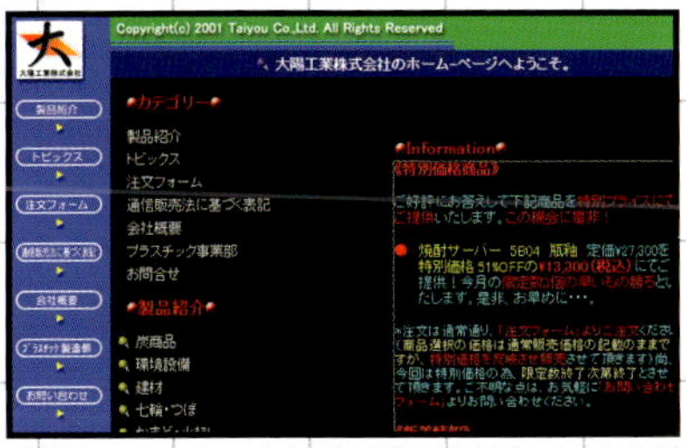

手軽なスモーカーからプロ用の機材まで、さまざまな燻製用品を取り扱っている。ネットでも購入できるので、燻材などのまとめ買いに便利。
http://www.3055.co.jp/

●アウベルクラフト

燻製の楽しさを前面に押し出したアウベルクラフトのサイト。各種キットや燻材の通信販売も充実していて、初心者にもわかりやすい。
http://www.auvelcraft.co.jp/

●アールテック

電熱コンロや大型スモーカーなど、本格的な燻製用品の取り扱いが豊富。サーモスタットやデジタル温度計など、こだわり派にはうれしい品揃え。
http://www.r-tec.co.jp/newtopback.htm

編集制作	HYOTTOKO Production
編・構成	倶楽部ひょっとこ
撮影	高野昌明／山根謙二
執筆	仁志田高次／青山一郎／増井浩一
コーディネイト	川田静香
イラスト	岩崎保宏
デザイン	小名木美砂
DTP	(株)あるす／ magiclamp
企画制作	HYOTTOKO Production
	吉村ともこ／飯嶋圭二
	萩原 淳
カバーデザイン	FROG KING STUDIO

自家製 燻製の作り方

2006年10月30日　初版第1刷発行
2014年12月25日　初版第4刷発行

編者●倶楽部ひょっとこ
発行者●穂谷竹俊
発行所●株式会社 日東書院本社
〒160-0022　東京都新宿区新宿2丁目15番14号　辰巳ビル
TEL●03-5360-7522(代表)　FAX●03-5360-8951(販売部)
振替●00180-0-705733　URL●http://www.TG-NET.co.jp

印刷所・製本所●大日本印刷株式会社

　ISBN978-4-528-01425-1 C2077